青春期男孩，请听听爸妈的心里话

云 晓◎著

朝華出版社

序　言
preface

对于男孩，不可否认这样一个事实：你们的成长过程是充满坎坷的，青春期的你们，身上充满了反叛的因子，崇尚个性，崇尚自由，但与此同时，处在成长成熟中的你们，也正在经历着很多前所未有的困惑——不知如何与父母沟通，对青春爱恋的萌动难以自控，对学习的意义深感困惑，对人生与未来既期待又迷茫，面对抉择你们会犹豫不决，面对挫折你们会止步不前……

这时候的你们，应该怎么办？

阅读本书吧！

这是一本代表全天下父母的心意，写给男孩看的书！

在这里，你将读到：

◉ **父母的那些心里话**——如何说、如何做，才能与父母更好地沟通，像朋友一样愉快相处……

◉ **你在为谁读书**——为什么而读书，读书与未来的关系怎样，如何应对读书过程中的那些难题……

◉ **必须认真和父母沟通的那些话题**——如何控制自己萌生的暗恋倾向，如何分辨什么是有益的朋友，如何控制自己的火爆脾气，如何靠自己去成功……

◉ **那些受用一生的品质与习惯**——勤奋、正直、坚持、大度、有勇有谋……

◉ **关于未来，需要思考的问题**——关于理想与未来，关于未来所要从事的职业，关于开阔眼界，关于所要承担的责任……

◉ **你身边的那些危险**——抽烟喝酒、毒品、网络游戏、各种各样的骗术……

仔细阅读这本书吧！相信看过之后，遇到困惑的时候，你会有所启迪；遇到难事的时候，你能收获智慧；遭遇困境的时候，你能备受激励……你将从中感悟到，父母的心意是如何的，很多事情自己应该如何去决断。

最后，再给我们的男子汉讲一个这样的人生小故事。身边的很多朋友，在成为父母之后，都曾这样回忆自己的青春期时代：

那时的我，就像吃了迷幻药一样，叛逆、自我、桀骜不驯，只要是父母说的，我就觉得不对，拼命反抗。我朝他们大吼："你们不了解我！我的事情你们不要管！……"母亲的殷勤叮嘱在我看来是让人烦躁的唠叨，父亲的教训和管束更是让我一度疏远他，甚至产生微微的恨意……

可现在当我将自己的孩子轻轻抱在手中时，看着他那双让我迷醉的大眼睛，我终于明白了这样一个道理：做父母真的不容易，父母对孩子的那种浓浓爱意是无法言说的，父母的恩情也是自己永远报答不完的！

每个人都是父母的孩子，也都会成为孩子的父母，这是一个不断成长的过程。父母究竟对自己有多好，父母曾经说过的道理有多正确，只有当昔日的孩子晋升为了父母，将自己的宝宝搂在怀中的那一刻，才会真正深刻地体会到。

相信现在的你很难体会到这种情感，但总有一天，同样的情感也会荡漾在你的心中。

我以一位母亲的心，完成了此书，写给我的孩子，也写给所有青春期的孩子，衷心祝愿你在未来的人生之路上，一帆风顺！

云 晓

目 录
contents

第四章 关于品质与习惯——给你一些受用一生的提醒

第五章 关于未来，你需要思考一些问题了

第一章

男子汉，请听听父母的心里话

当你对不明确的地方非常好奇、非常想一探究竟的时候，可以问问自己的父亲，但绝对不能浏览黄色网站。

为了避免走上学坏的道路，一定要遵从这样两个原则：有违自己心意的事情，要大声地说“不”；可以按照自己的想法去做，但是一旦意识到自己错了，一定要记得回头，不能倔强到底。

父母不反对你追求某些东西，但却希望你在追求的过程中，保持自己的个性，有自己的判断。

1 你长大了，恭喜你

你的变化

“以前你是一个不修边幅的孩子，现在却每天拿着小镜子、小木梳，不时地整理一下自己的发型；以前，你洗澡的时候总是喜欢让父母给你拿衣服，现在，你开始害怕父母注意到你的变化；以前，你总是喜欢赖着父母，让父母给你意见，现在你开始有了自己的观点和看法，讨厌父母再对自己指手画脚……”

进入青春期后，你是否发现自己身上的那些变化了呢？

在父母眼中，你的个子高了，身材魁梧了，手腕更有力了……不断滋生的青春痘和刚刚露头的小胡子，都在向周围的人昭示这样一个事实：我，已经长大了！

是的，我的孩子，你真的已经长大了！作为父母，我们首先要恭喜你，当然也要恭喜我们自己。恭喜你，是因为从此以后，你将迈入一个真正的成人世界，成为一个有力量、有能力、有更多生活智慧而又朝气蓬勃的年轻人。而之所以要恭喜我们自己，则是因为从你诞生的那天起，从爸爸妈妈把你从产房中抱出的那一刻起，我们就有一个“期盼你快快长大”的强烈心愿，如今，多年的期盼成为现实，我们又怎能不欣喜万分呢！

说心里话，很多时候，看到个子高高的你就那么站立在我们的身边，我们总会由衷地从心里洋溢出一种幸福骄傲的感觉——我的儿子，长大了！从呱呱坠地到牙牙学语，再到上小学、上中学，我们的儿子，终于长大了！

那种难以言喻的喜悦，当你成为了一名父亲，你自然就会深刻地感受到。

相信细心的你也早已经发现了自己身上的这种变化，尽管心理上的变化你很难察觉，但身体上那些“悄悄的变化”却是你想掩盖也掩盖不了的：你突出的喉结，你渐渐冒出的小胡须，你逐渐强壮发达的四肢，你忽然之间对异性的关注……

当我们做父母的在为你的变化感到既惊喜又担心的时候，你是不是也在为自己的变化感到忐忑不安？你是不是也在对自己种种奇怪的表现感到难为情？你是不是也在为自己无端冒出来的愤怒情绪感到迷惑和不解？

如果是的话，我就要告诉你：我的孩子，你大可不必如此焦虑和不安，你所有的这一切变化都是成长过程中必然要经历的，你所有的这些表现都是正常的。这些变化和表现只是意味着你长大了、成熟了，可以称为一个“男子汉”了。

了解自己的身体发育

从儿童期过渡到青年的青春期，是“人生的第二次诞生”，心理学家称这一时期为人生的“第二次危机”。此时，无论在形态上，还是生理上，你都会经历较大的改变。

（1）身高、体重猛增

步入青春期，男孩在外形上的一个明显变化就是身高、体重陡增。在青春发育期之前，平均每年长高 3 ~ 5 厘米，但在青春发育期，每年则长高 6 ~ 8 厘米，多则 10 ~ 11 厘米，男孩子显得一下子拔高了很多。

青春期发育之前，儿童每年体重增加不超过 5 公斤，到了青春期，肌肉随骨胳的增长而发达起来，肌肉比重加大，体重平均每年增加5～6公斤，甚至8～10公斤。

腰宽胸阔，长手长腿，你好像一下子变得魁梧起来，壮实起来，带给父母惊喜。

（2）第二性征发育。

除身高、体重猛增外，这个时期，你的身体还会有这样一个主要的变化，那就是第二性征发育，如声音变粗，喉结突起，胡须和腋毛开始长出，生殖器官也逐渐向成熟的方面发展，长出阴毛，睾丸和阴茎增大，性腺发育成熟，并开始有遗精现象。

面对这些变化，你大可不必恐慌，这些都是健康男性进入青春期会出现的现象。经过了这一发育阶段，你就会逐渐长成粗犷、健壮的青年，真正成长为一个男子汉了。

一定要坚持的两个原则

随着身体在青春期产生种种变化，你开始有了心事和苦恼：你会为了自己不匀称的体型而忧虑，甚至形成孤僻的性格；你会为了避免遭到别人的议论而拒绝与人交往；你害怕自己的嗓音难听而不敢在公众场合说话；你也会为了自己偶尔的遗精和手淫问题感到罪恶和难为情……

看着你被这些成长过程中必经的事情折磨得魂不守舍，作为父母，我们在为你担心的同时，只想告诉你：孩子，无论你对自己身体上的变化如何的好奇和疑惑，一定要坚持这样两个原则：

（1）要坚信自己是“正常的”

每个男孩在青春期都会经历这个蜕变，我们大人也是从这个阶段走过来的，我们也曾经像你一样迷茫过、为难过、困惑过……当我们走过了那段青涩的岁月，回头想想，其实，我们所担心和焦虑的那些事情根本就不值得如此劳神费力。的确，从呱呱坠地开始，人都是在不断的蜕变中成长的。

所以，处于青春期的你，不必为了这些成长过程中的必然而大费脑筋，甚至黯然神伤。你只要坚信，自己一切都是正常的，只是千千万万个青春期少年中的普通一员。当你逐渐长大，逐渐成熟，自然而然就会对这个阶段有一个清楚的了解。

（2）有不明白的地方，可以问父亲，但绝对不能浏览黄色网站

随着青春期的第二性征开始发育，性意识也开始觉醒。对此，你自己可能也会有所察觉：忽然之间你对异性有了强烈的好奇，会对某个异性同学产生不同寻常的好感，好像只有和对方在一起，做事情才会开心，玩得才会痛快，心情才会舒畅；你会情不自禁地去关注异性身体，会莫名其妙地想和自己心仪的异性亲近……

这种感觉让你觉得既甜蜜又苦恼：我到底是怎么了？

青春萌动的年纪，难免就会有许多难以启齿的困惑，这个时候怎么办？

我的孩子，在这方面，你必须遵循父母给你的这样一句金玉良言：**如果你在这个阶段有什么不明确的地方，可以去问父亲，但绝对不能去看一些黄色书刊或网站。**

报纸上曾经有一篇这样的报道：

一个初中生男孩，因为对身体变化的好奇，浏览了一些黄色网站，结果整日沉迷在性幻想当中不能自拔，不仅再无心向学，人也渐渐变得萎靡不振，严重影响了学习和生活。

仔细观察，你会发现，这样的例子数不胜数：有的男孩受到黄色书刊的影响犯下无可挽回的错误；有的男孩会受到一些黄色网站的影响变得神思恍惚、精神不济，影响到了正常的生活。

的确，青春期的男孩自制能力还非常差，往往会管不住自己的行为，会犯这样那样的错误。

教训总是太过惨痛，唯一可以避免的方式，就是不去接触这些可能会让你受到伤害的东西。

父亲是过来人，有足够的经验帮助你弄清楚你所困惑的问题，在这个时期，如果你真的对某些东西感到好奇，大可以去问自己的父亲，相信，在父子亲密无间的交流当中，你就能豁然开朗。

给你一些过来人的经验

突出的喉结、下颌冒出的胡须、开始沙哑的嗓音、逐渐强壮的四肢……构成了你兴奋却又懵懂的青春期。面对这种种忽然之间的变化，你无须手足无措，也无须遮掩什么，这是每一个男孩成长过程中都会经历的一个阶段，你只是他们当中最普通的一员而已。

当你对不明确的地方感到非常好奇、非常想一探究竟的时候，可以问问自己的父亲，但绝对不能浏览黄色网站。

2 你的叛逆，我们懂

你的变化

“当你小的时候，你会乖乖地赖在父母的身后，让父母帮助你来决定穿什么衣服、今天该做什么。可是现在，你对父母的安排没来由地反感和排斥，你嫌父母的观点老土，你嫌父母的话语唠叨，你嫌父母管得你太多、约束你太多……”

青春期的你是否有过这样的经历：

面对父母苦口婆心的唠叨，你是不是会堵起自己的耳朵，砰地一声关上房门，不顾父母在外面错愕的神情和心痛的眼神。

当父母想要和你好好聊一聊天，道一道家长里短时，你是不是会不耐烦地皱起眉头嘟囔：“真是烦死了！”

不错，进入青春期，几乎每个男孩身上都会有这样一个显著的特征：叛逆。

因为叛逆，你看不惯身边很多事情，总觉得很多事情都不能让你满意：你开始厌倦父母为你“包办”的一切；你开始厌烦别人违拗你的意思；你开始有自己的观点和看法，并且不容许别人质疑……

看着你的种种表现，我们不得不承认，你真的长大了，你开始有了自己的想法，有了自己的判断，和父母之间也开始有了隔阂和分歧。

然而，我的孩子，你有没有想过，当你砰地一声关上房门、当你皱着眉头说父母唠叨、当你因为不满父母的干涉而声嘶力竭地尖叫时，父母的心里多么难受呀！

不能否认，青春期的孩子都很叛逆，都希望有自己的自由，不愿意别人违拗自己的意愿，不愿意别人干涉自己的事情，哪怕这个人是自己的父母，也会因为不经意间触犯了自己，而大动肝火。

你的叛逆我们懂，我们也曾经有过这样的经历，也是从青春期走过来的。

但是孩子，我想要说的是，正因为我们有过青春期的经历，所以对青春期的叛逆所带来的影响，才更加刻骨铭心。当你也开始走进了青春期，我们做父母的有太多的担心和焦虑，我们害怕你会因为叛逆走上歪路，我们害怕你会因为叛逆而故意和我们作对，无视我们的建议。

正是清楚这些，父母才会不厌其烦地对你唠叨，才会不顾你的尖刻和锐利，冒着被你刺伤的危险去试图和你讲些大道理。

孩子，在青春期，你有叛逆的情绪很正常，作为父母，我们只是想对你提这样一条要求：你可以叛逆，但是一定不要学坏！

明确学坏的几大倾向

（1）是非不分

叛逆给你带来的最大的一个“副产品”就是固执己见。因为叛逆，你会把自己看得太重，不允许别人对自己有质疑和反对，不允许别人违拗你的意愿，就算有时候是你的错，你也会抵赖不认。

我的身边就有这样一个男孩：

这个男孩特别的自我，不允许别人违抗他的意愿，就算是他有错，也坚决不会承认。就拿最近发生的一件事情来说，男孩看到班上同学都在玩一件时新的玩具，他很喜欢，就想从同学那里借来玩一玩。岂料刚得到新玩具的同学不肯借，男孩很生气，抢过同学的玩具就摔到了地上，还振振有词地说："什么破玩意儿！叫你不让我玩！"结果，无可避免地，两个人大打出手。

老师了解情况后，对男孩进行批评时，男孩还很不服气地说："谁叫他不让我玩，他活该！"

看着男孩不仅不认错，还一副理直气壮的样子，老师气得不知道该如何教育他……

仔细想想，你在实际生活中是不是也经常会犯这样的错误呢？

明明是自己错了，但就是不肯承认。比如，你偷偷拿了妈妈钱包里的钱，当妈妈问起来时，你还会觉得很冤枉，甚至很委屈，觉得拿妈妈的钱是很小很小的一件事情，妈妈不必如此大惊小怪；比如，你和同学发生了争执，将同学打伤了，当老师追究时，你会觉得是同学先冒犯了自己，自己动手并没有什么不对。

因为叛逆，你总是会不问缘由地反驳别人的观点，总是会不问是非地坚持自己是对的。

孩子，或许你这样做是为了维护自己的自尊；或许你这样做，只是想要凸显自己的与众不同。但是，我想告诉你，如果你一直这样下去的话，就是在学坏的道路上迈出了第一步。

这并不是危言耸听。你可以想一想，如果你总是是非不分，今后的生活会是什么样子？你将失去正确的价值标准，失去判定是非的准则，失去别人的信任和友谊。

这样的情况，不是你想要看到的，同样也不是我们想看到的。所以，我的孩子，如果你察觉出了自己有是非不分的倾向，不要急着为自己辩护，好好想一想自己到底有没有错，如果有的话，及时改正。

（2）破罐破摔

一位朋友曾这样说起自己上初中二年级的儿子：

暑假的时候，儿子迷恋上了上网，总是在网上挂到半夜三更都不肯睡觉。看着儿子每天顶着一对“熊猫眼”，我真是非常生气，就教训了儿子几句。

谁知道，我不说他还好，我一说他，这孩子竟跟我卯上了，上网上得更凶了，气得我没有办法，就把网线给拔了。

本以为就此天下太平，没想到我家那小子居然恶狠狠地跟我说：“别以为你把网线拔掉，我就没办法了。”扔下这句话，儿子开始迷恋网吧，不论我们怎么说怎么劝，他都不肯听……到现在，儿子上网成瘾，不仅无心向学，整天嘴里念叨着什么打打杀杀。看到儿子这个样子，我是又担心又着急，却不知道怎么办才好！

在这个例子中，你是不是看到了自己的影子，是不是也和例子中的男孩一样对父母的管教不胜其烦，大有“你越管我，我越坏给你看”的架势？

的确，青春期的你，不希望任何人来插手你的事情，不希望任何人来干涉你的自由，即便你做的事情是错的，对自己是有害的，你也不想听到父母苦口婆心的唠叨。

但是，孩子，你想过没有，当你在错误的道路上越走越远，当你倔强地和父母对着干时，父母心里有多难过？

防止自己学坏的两点建议

每一个孩子生来都是天使，本性都是善良的，处在青春期的你，自然也不例外。

无论你如何叛逆，无论你看着周围的种种如何不顺眼，有一点你必须承认，你也希望自己优秀，希望自己能够受到别人的夸赞，成为别人艳羡的对象。

然而，因为叛逆，你又经常会做出一些有违自己本心的事情来。

面对这样的情况，你该怎么办呢？

（1）有违自己本意的事情，一定要大声说“不”

有一些青春期孩子，曾向我表达过这样的苦恼：

父母总是说我不学好，其实，有的时候，我真的是身不由己的。和伙伴们在一起，伙伴们经常会做一些出格儿的事情，比如打架斗殴，抽烟喝酒……我要是不做，就会被他们嘲笑和看不起，我不想被大家看不起，所以，虽然我心里很不情愿去做这些事情，却又不得不去做……

的确，在你的周围总会有这样一些人影响着你的思维和判断，总会有这样一些人会教唆你、诱惑你，如果你禁不住诱惑，抵抗不住外界的压力，很可能会走上错误的道路。

面对这样的情况，该怎么做才能避免走上歪路呢？告诉自己，按照自己的本心，对有违自己心意的事情一定要大声说“不”。

只有懂得拒绝，才能让自己的内心坚定，从而成功抵制住外界的诱惑；只有懂得拒绝，才能避免在一次又一次的屈从中迷失本性。

（2）可以按照自己的想法做，但如果错了，一定要记得回头

青春叛逆的你，有时候固执得就像一头小牛，大有“不撞南墙不回头”之势。然而，孩子，作为过来人，我想告诉你，有些时候，有些事情，如果你迈出第一步就知道错了，那么及早回头，就能避免错误给你带来更多的伤害。

然而，实际生活中，你却常常会有这样的顾虑：

我都错了，回头还有什么用？别人已经对我有了偏见。

如果我回头，那不是等于承认我错了？那不是在自己扇自己耳光吗？

我宁愿一错到底，也不愿被人奚落。

因为这近乎病态的自我意识，你拒绝回头，也拒绝承认自己的错误，但是，孩子，你可知道，当你在错误的泥淖中越陷越深，父母心里是多么的难受和无奈？当你因为害怕别人的奚落，而在错误的道路上一意孤行，父母对你又是多么的担心？

做错了，回头，并没有什么丢人的，反而是不回头，往往会给你造成无可挽回的伤害。

每个父母都会怀着极大的宽容来接纳自己犯过错的孩子，所以，我的孩子，你也无须担心做错回头会难堪或者被奚落，没有人会看不起你，相反，我们还会欣赏你知错就改的勇气和魄力。

给你一些过来人的经验

叛逆本没有错，但是叛逆却常常会带来这样两个“副产品”：是非不分、破罐破摔。而这恰恰是人学坏的开始。

为了避免走上学坏的道路，一定要遵从这样两个原则：有违自己心意的事情，要大声地说“不”；可以按照自己的想法去做，但是一旦意识到自己错了，一定要记得回头，不能倔强到底。

3 这一点不用怀疑
——爸爸妈妈永远爱你

你的变化

“好像一夜之间，你有了自己的秘密。你不再和爸爸妈妈亲密无间，你有什么事情总喜欢找身边的伙伴商量，而不愿意和爸爸妈妈说；你开始躲避爸爸妈妈的询问，开始嫌爸爸妈妈唠叨……”

在进入此篇之前，先让我们来看看父母记载的这样一份“育儿笔记”吧：

刚出生时，你的哭声那样的响亮，似乎在大声向这个世界宣告：爸爸妈妈，我来了；

8 个月大的时候，你叫出了第一声“妈妈”，那一刻，妈妈激动的泪水在眼眶里滚动；

1 岁的时候，爸爸妈妈牵着你的小手，你晃晃悠悠地学会了走路；

3 岁的时候，你拿着画笔在墙壁上到处涂鸦，看着你画的稚嫩图画，爸爸妈妈脸上洋溢出幸福的笑容；

7 岁时，你背起书包进入了学堂；

10 岁以后，开始进入青春期的你，忽然和爸爸妈妈之间变得陌生和疏离，你的变化，让父母不知所措，我们开始变得小心翼翼……

也许你会说，每个孩子都是这样长大的，的确，每个孩子都是这样长大的，但每个父母也都是这样爱孩子的。

父母对子女的爱究竟是怎样一种爱呢？

没有什么缘由，只因为你是我们的孩子，所以，我们心甘情愿为你做任何事情。

没有什么理由，只因为你和我们血脉相连，所以，我们宁可自己受到伤害也不忍让你受到半分委屈。

如果要问这份爱有多重，我们就来看一个发生在汶川地震时的真实故事吧：

救援人员发现她的时候，她已经停止了呼吸，是被垮塌下来的房子压死的，透过那一堆废墟的间隙可以看到她死亡的姿势：双膝跪着，整个上身向前匍匐着，双手扶着地支撑着身体，有些像古人行跪拜礼，只是身体被压得变形了，看上去有些诡异。救援人员从废墟的空隙伸手进去确认了她已经死亡，又冲着废墟喊了几声，用撬棍在砖头上敲了几下，里面没有任何回应。当人群走到下一个建筑物的时候，救援队长忽然往回跑，边跑边喊“快过来”。他又来到她的尸体前，费力地把手伸进女人的身子底下摸索，他摸了几下，高声地喊：“有人，有个孩子，还活着。”

经过一番努力，人们小心地把挡着她的废墟清理开，在她的身体下面躺着她的孩子，包在一个红色带黄花的小被子里，大概有三四个月大。因为母亲身体庇护着，他毫发未伤，抱出来的时候，他还安静地睡着，熟睡的小脸让所有在场的人感到很温暖。随行的医生过来解开被子准备做些检查，发现有一部手机塞在被子里，医生下意识地看了下手机屏幕，发现屏幕上是一条已经写好的短信：“亲爱的宝贝，如果你能活着，一定要记住我爱你。”看惯了生离死别的医生在这一刻落泪了，手机传递着，每个看到短信的人都落泪了。

当你看到这个真实的故事的时候，心头某个地方是否会不由得变得柔软？

父母的爱，就是如此的伟大，当危险来临的时候，父母会不惜牺牲自己的生命来保护你，只因为，你是我们的孩子。

在你小的时候，你的生活圈子很小，几乎整天缠着父母，我们也在你的嬉笑声中感受到了浓浓的天伦之乐和这份没有芥蒂的亲子之爱。

然而，当你进入青春期，你的生活范围转移到了校园、朋友间，你的注意力被外界的纷繁复杂所吸引。渐渐的，你开始对父母的爱不以为然了，开始忽视父母的感受了。

你长大了，希望有自己的自由和圈子，我们理解，但在你拥有自己的空间的同时，千万不要忘记这份永远不离不弃的“父母之爱”，千万不要忘记父母永远是你最后的依靠和港湾。

有什么难题，请一定跟父母说

青春期的男孩大多有一个通病：无论遇到什么难题，都喜欢自己闷着，结果，不仅不能解决问题，反而弄得自己很痛苦。

我就曾认识这样一个男孩：

小伟是邻居家的孩子，前几天在楼下看到他时，见他一副心事重重的样子，我很是纳闷：小伟不过才刚刚上初中，怎么会有如此重的心事呢？

在和小伟闲聊的时候，小伟告诉我，班上有个女生给他写信说喜欢他，因为这件事，小伟很苦恼，不知道究竟该如何处理。一方面，他害怕自己直接拒绝女生会让女生难堪；另一方面，他又知道现在谈感情为时尚早……

听着小伟说出自己的苦恼，我问了他这样一个问题：你想过要把自己遇到的难题跟父母讲吗？

小伟诧异地望着我，摇了摇头。

孩子，你是不是也像小伟一样，遇到了问题，宁愿和外人、朋友商量也不愿意和自己的父母好好谈一谈？如果是的话，父母心里难免会有些失落。

我的孩子，你应该明白，我们是爱你的，父母永远是你坚强的后盾。父母的生活阅历比你多，处理问题的经验也比你丰富，有什么难题跟父母说，才能尽快解决问题，还你一份轻松。

与小伟不同，朋友家的孩子晓宇则是一个善于向父母借力的高手，每当在生活或者学习当中遇到了什么难题，晓宇都会向父母求教，并且总能得到比较完满的解决。

实际生活当中，不妨也向晓宇学一学，或许你就会发现，父母给你的建议能让你豁然开朗，也能让你少受很多不必要的煎熬。

父母也需要你的爱

一位母亲这样说起和儿子相处的点滴：

一天我在厨房准备做饭的时候，儿子忽然一声不响地进了厨房，一边和我唠着家常，一边帮我择菜。看着儿子这体贴的举动，我在一刹那有种想哭的冲动，我的儿子终于长大了……以前的他，只知道坐在客厅看电视，等着我把饭菜端上桌……现在，他居然会关心我、体贴我了……

这位母亲说起这件小小的事情时，脸上一直闪耀着幸福的光芒。

父母也需要你的爱，在你看来或许是举手之劳或者微不足道的事情，也能带给父母极大的幸福和满足。

或许，你只是在他们下班后递上一杯水，就足以让他们感动得无以复加；或许，你只是在他们累的时候帮他们捶捶肩，就能让他们笑得无比舒心。

只要不吝惜给予，你会发现，和父母相处是世上最幸福的事情。

给你一些过来人的经验

遇到难题，请一定要和父母讲，父母永远是你最坚强的后盾。

父母也需要你的爱，而且父母的需要很简单，或许一杯水、一次亲密的拥抱、一次毫无芥蒂的谈心，就能换来父母发自内心的微笑。

父母给你自由，同样，也希望你给父母爱和信任。

4 代沟总会产生，需要相互理解

你的变化

“父母认为快男、超女是不入流的东西，你却认为快男、超女是时尚，是流行；父母认为艰苦朴素是优良品德，你却认为艰苦朴素是穷酸样；父母认为你应该穿学生服，你却喜欢穿乞丐装……”

随着慢慢长大，随着渐渐步入青春期，你和父母之间也有了越来越多的分歧：你喜欢穿着稀奇古怪的衣服来彰显你的另类；你喜欢在耳朵上穿好几个耳洞，来追逐所谓的潮流；你喜欢呼朋引伴，大讲兄弟义气……

望着这样的你，我们感到震惊、焦虑，我们不知道该怎么才能走进你的世界？该怎么做才能更好地了解你？

当我们对你身上满是破洞的衣服表示出不满的时候，当我们对你五颜六色的头发表示不能接受的时候，你常常会用不屑一顾的神色告诉我们：“我和你们有代沟！”

是的，孩子，你和父母之间有代沟。因为“代沟”，你认为我们不能理解你的行为；因为“代沟”，你不屑向我们多说一句话。

你用“代沟”疏远我们，我们也能够理解，但我们只是想告诉你这样一个事实，“代沟”总会产生，关键是看我们之间如何处理。

那么，究竟什么是代沟，代沟又是怎么产生的呢？

代沟，指子女在走向社会的过程中，背弃父母原有的观点，有了新的见解而造成的思想观念、行为习惯的差异。

它的形成往往有这样两点原因：

第一，年龄和时代的差异造就的。60后、70后的生活习惯，生活圈子，所持有的观点和你们90后是截然不同的。观点和认知的差异，在我们两代人之间树起了一堵无形的墙，隔断我们的交流。

第二，因为你和父母相处的时间太久，相处的方式太单一，条件反射地造成了你对父母的厌倦和不耐烦。有这样一句话："熟悉的地方没有风景。"意思是说，当我们在一个地方呆得久了，就会发觉不出周围的美丽。这句话用在"代沟"这种家庭中常见的现象上，也非常适用。

不能否认，代沟总是会产生的，常言道："三岁一代沟"，我们和你之间有二十几年的差距，形成代沟也并不奇怪。

正是因为有代沟，我们才更有沟通的必要。不沟通，我们之间的隔膜就会越来越大；不交流，我们之间的感情就会越来越生疏。

这样的结果，不是我们想看到的，相信，也不是你想看到的。

对父母的不满，请换种方式告诉我们

几乎每个父母和孩子之间都会有代沟，但是，无一例外，几乎每个父母都不愿意和孩子产生代沟，每个父母都愿意为了消除和孩子之间的代沟做出努力。

在楼下散步的时候，我的一位邻居就曾向我说起过自己正处于青春期的儿子：

我这个人比较喜欢安静，晚上的时候喜欢看一看历史剧或者名人访谈之类的节目，儿子则喜欢看娱乐节目和偶像电视剧。每

当儿子看电视看得两眼放光时，我就会感到纳闷：不就是那些演员长得漂亮一点儿嘛，也不至于迷恋到这种程度啊！

我这话不说还好，一说，儿子立马就跟我翻脸，说我不懂得欣赏，说这个明星多么多么酷、那个明星多么多么帅……

我也只是想了解一下儿子的想法而已，并没想要否定他的意思，他为什么就会如此生气呢？

或许，有些时候，父母的表达方式会让你产生误解；或许有些时候，父母对你的关心会招致你的厌烦。但是，我的孩子，你可知道，我们这样做其实只是想了解你的想法，只是想让你和我们多说两句话而已。

让人失望的是，大多数情况下，你根本就没有考虑过我们的感受，一旦我们的话让你觉得不受用，你就会用你叛逆的“刺”，毫不留情地将我们推开。

观点存在不同，代沟总会产生，这都是非常正常的，只有理解和沟通才能营造出和谐温馨的亲子氛围。

如果你和父母观点不一致，就喊：“跟你说了，你也不理解”“你什么都不懂”，你可知道，这样的呐喊会让我们多心痛。

父母并非不通情达理，也并非不能大度地接受你的与众不同，只是你不说出你的观点，不说出你的理由，父母又怎么理解你呢？

你大可以心平气和地跟父母谈一谈，甚至可以用写信的方式向父母诉说自己的苦恼，这些都比和父母大喊大叫更能解决问题。

就拿我所认识的两个男孩为例：

男孩小俊和小易是同班同学，在和父母产生意见分歧时，他们是这样做的：

当父母对小俊的行为提出异议时，小俊不是暴跳如雷地指责父母不能理解他，就是绷着脸不多说话。结果，常常是双方的交流没法继续，误会也越来越深。

与小俊不同，小易在面对父母的不理解和不同意见时，总是会冷静地把自己对父母的一些不同看法写在纸上，以信件的方式发给父母。父母仔细地读过小易的信，也就能够很好地认识到双方之间的分歧。

换一种方式和父母交流，不仅能够让父母更加理解你，更能呵护好和父母之间的感情，何乐而不为呢？当你能够换一种方式和父母交流时，可能就会发现，那些所谓的“代沟”，并不像你想象的那样难以弥补。

不求你理解父母，只希望你有自己的判断

父母这一代，和你们这一代有很多观点和看法上的分歧。我们不求你能理解我们，但是，我们希望你至少应该有自己的判断。

社会上一些潮流的东西，是不是真的值得你追求和推崇呢？

如果你沉下心来仔细想想，就会发现这样一个现象：有些时候，你之所以会热衷某些东西，不是因为别的，只是因为别人都在那样做。

别人都这样做，所以你也这样做吗？

父母不反对你追求某些东西，但却希望你在追求的过程中，保持自己的个性，有自己的判断。

我所熟悉的一个男孩就是这样做的：

男孩身边的很多人都喜欢周杰伦，男孩却认真细致地在纸上写下了这样一个题目：“喜欢周杰伦的10大理由”。

当他写了几条以后就发现，周杰伦身上的确有很多值得他去学习的地方，但也有一些不足，需要辩证地看待，不能盲目崇拜。

另外，男孩身边有同学穿耳洞，告诉他这样很酷。他也为穿耳洞这一行为写下一些理由，当他发现这些理由不过是一些“为了外表”“吸引人目光”等短浅之见时，果断地拒绝了。

的确，外界的诱惑总是一波不平一波又起，我们不求你完全遵从我们的意愿来生活，但是至少希望你应该有自己的个性和判断。如果你不知道该如何做，不妨借鉴例子中男孩的方法，相信，在这样做的过程中，你也会受益匪浅。

给你一些过来人的经验

正是因为有代沟，我们才更有沟通的必要。

当你能够换一种方式和父母交流时，可能就会发现，那些所谓的“代沟”，并不像你想象的那么难以弥补。

父母不反对你追求某些东西，但却希望你在追求的过程中，保持自己的个性，有自己的判断。

5 做妈妈的心情

你的变化

“以前经常跟在妈妈身后的‘小跟屁虫’，忽然间不见了，你开始和妈妈疏远，开始嫌弃妈妈无所不在的照顾和唠叨，开始对妈妈的意见毫不上心……”

不知从什么时候开始，你变了：你开始不愿意和妈妈多坐一会儿，不愿意和妈妈一起上街，不愿意和妈妈说说学校里那些有趣的事儿；你开始嫌妈妈唠叨，嫌妈妈事儿多，嫌妈妈约束你。

是的，我们知道，你已经长大了，已经不再是那个拽着妈妈的衣角，什么事情都让妈妈做主的小娃娃了：

放学后一言不发走进自己的房间，不理会妈妈对你关切的问候；

疯玩回来顶着一头热汗，不顾妈妈的劝说，扎进卫生间冲凉；

早上起来，不愿意吃早餐，不管妈妈的关怀，头也不回地迈出家门。

在你这样做的时候，或许并没有想过自己这种行为会给妈妈带来怎样的触动，可能会给妈妈带来怎样的伤害。

妈妈是世界上最爱你的那个人，也是世界上最敏感的那个人，她敏感于你的一言一行、一举一动，你的每一个表情都牵动着她的心，你的每一句话语都可能会导致她或喜或悲。

青春期的你，是个大男子汉了，想要更多的自由和空间，不想受到太多的管束，总是觉得妈妈的唠叨就像是一张无形的网，让你感觉难受和不自在。

但是孩子，请你一定要记住这样一点：这个世上如果只有一个最爱你的人，那就是妈妈，妈妈的感情最是细腻和敏感，你可以不喜欢妈妈的管束，但请你一定不要让妈妈伤心。

可以不听妈妈的唠叨，但一定不要顶撞她

几乎每个人都是在妈妈的唠叨下成长起来的。或许你在某个时期会觉得妈妈的唠叨不胜其烦，然而，当经历的事情越来越多，当你渐渐成长为一个懂事明理的成年人，就会发觉被妈妈唠叨是多么幸福的事情。

一位在外求学的高中生就在日记中这样写道：

在家的时候，我最烦的就是妈妈的唠叨，从早上起床到吃饭、穿衣、睡觉，几乎生活的方方面面，妈妈都会唠叨起来没完没了。当初，我不能体会到妈妈的好，一听到妈妈的唠叨就会出言顶撞，有时候甚至直接摔门而去……这样做的时候，我并没有觉得有什么不妥。

现如今，我孤身求学在外，再也没有人在我耳边叮咛我早餐要多吃点儿，嘱咐我天冷要多穿点儿，忽然之间我觉得好像失去了什么，心里有些空落落的。我常常会想起在家的时候，妈妈的唠叨，也会为自己曾经做过的错事感到羞愧……

每一个从青春期走过的孩子，都会有这样的经验：当你离开了妈妈的唠叨时，就会了解到有妈妈唠叨的日子是多么的珍贵。

当你能够站在妈妈的角度好好思考一下问题时，或许就能很好地理解妈妈，理解妈妈爱你的一颗心。

所以，孩子，对于妈妈的唠叨，你可以不听，但是请你一定不要顶撞她，不要伤害妈妈爱你的一腔热忱。

可以不服妈妈的管教，但一定要理解她

在和一些为人母的朋友聊天过程中，她们发出这样的感慨：

其实，我们最大的心愿就是儿子能够体贴我们，能够理解我们，像女儿一样坐在我们跟前和我们说一会儿悄悄话，能够用他那有力的臂膀拥抱我们……如果儿子能理解我们的苦心，就是我们最幸福的事了！

当你对妈妈的管教不屑一顾，对妈妈的关切置之不理时，你能体会到作为母亲的心情吗？我们会有一种严重的挫败感，会因为你的不理解而郁郁寡欢。

孩子，我们爱你，这毋庸置疑，但是孩子，我们爱你也需要你来认可我们、理解我们，才能让我们的爱更加义无反顾。

我们不能强求你必须服从妈妈的管教，但是，请你一定要理解妈妈。

给你一些过来人的经验

这个世上如果只有一个最爱你的人，那就是妈妈。

对于妈妈的唠叨，你可以不听，但是请你一定不要顶撞她，不要伤害妈妈爱你的一腔热忱。

6 做爸爸的心愿

你的变化

“从前，你总是觉得爸爸是这个世界上最伟大的人，能够很快修好坏掉的玩具，能够变魔术似的变出你所喜欢的礼物；现在，你却发现，爸爸其实并没有你想象的那么伟大，他也经常会犯一些错误，身上也有这样那样的缺点……”

曾经，你像崇拜超人一样，用崇拜的眼神望着爸爸，跟随爸爸“鞍前马后”；曾经，你眼中的爸爸，是那么的完美，几乎没有任何的瑕疵，让你总是满怀敬意和自豪。

然而，随着你慢慢长大，随着你的眼界越来越开阔，你懂得的知识也越来越多，你慢慢发现，爸爸其实也并不是那么优秀，也并不是那么完美无缺。

正是有了这个认知，在青春期，你开始看着爸爸不顺眼了：

爸爸总是穿着一身灰衣服，一点儿风度也没有，像个小老头儿一样，真难看！

每天爸爸回家都是醉醺醺的，闻到这股酒味儿，我真想吐。

爸爸真没有本事，每个月只能挣到一点点钱，都不能满足我想要一架航模的心愿。

因为这种种发现，你和爸爸之间开始有了隔阂，甚至还有了小小的敌意。你不再跟在爸爸的身后，缠着爸爸教你快速修理东西的手艺；你不再迷恋爸爸带给你的新奇小玩意儿；你会因为爸爸对某事的无能为力露出轻视的眼神；你会对爸爸语重心长的管教不以为然。

好像忽然之间，你觉得和爸爸相处不再是那么愉快的事情，爸爸在你心中的地位也随之急剧下降。

你的变化，我们察觉到了，也为你的变化感到惶恐和忐忑。我们不知道该怎样才能让你明白：无论爸爸完美还是不完美，我们都是深深爱你的，我们也需要你的理解和尊重。

告诉你，爸爸也是一个普通的男人

每个人都会有优点和缺点，爸爸也不例外，他只是千百万个普通人中的一员，会有不足和缺点。

如果你总是用挑剔的目光来看待自己的爸爸，你看到的将永远是爸爸的不足。

人无完人，你能够体谅同学、朋友的不足，能够对别人抱着宽容的态度，为什么就不能包容爸爸的不足呢？

爸爸是深深爱着你的那个人，无论他身上有什么样的缺点，他爱你的那颗心是不变的。

或许，你会记得这样的场景：

灯影下，你埋头做着作业，爸爸在一旁无声地陪着你；

沙滩上，你撒着欢儿到处乱跑，爸爸一步不离地伴着你；

商店里，你的目光在某件商品上不住地徘徊，爸爸一言不发地帮你将东西买下。

父爱是深沉的，它不善表达，却融入到生活的点滴之间，无处不在。

所以，孩子，理解爸爸的不够优秀，用心体会爸爸的爱吧，你会发现爸爸的爱隐藏在生活细节中，常常能带给你心灵的震撼。

寻找爸爸的优点，体谅爸爸的不完美

用心观察，你就会发现，在日常生活中，爸爸很少指责你的

不是，大多数情况下，爸爸对你常常是抱着一种赏识的态度。

当你考试成绩不够理想时，爸爸会拍拍你的肩膀，用肯定的眼神看着你说：“爸爸相信你是优秀的，你的努力爸爸都看到了，这一次只是一个意外。”

当你因为不够自信，不敢参加学校的知识竞赛时，爸爸用坚定的目光鼓励你：“儿子，你的情况爸爸最了解，爸爸相信，你是最棒的！”

看到这些熟悉的画面，你想到了什么没有呢？爸爸爱你，所以，他看到的总是你的优点，总是你最棒的一面。哪怕你身上有诸多的不足和缺陷，爸爸也不会因此嫌弃你、打击你，他会做的，只是默默地提醒你，帮助你，使你向着更好的方面发展。

换一个角度讲，你为什么就不能用这样的眼光、这样的方式来看待自己的爸爸呢？

教室外面下起了瓢泼大雨，别的同学都被家长用小轿车接回家，而爸爸却只有自行车来接你。你或许会觉得父亲无能，或许会觉得自己没有面子，但是，你有没有想过，冒着大雨骑着自行车来接你的父亲，对你的爱，丝毫不比那些开着小轿车的父亲少呢？

当你的班上召开家长会，你嫌弃爸爸不修边幅、胡子邋遢，不愿意让爸爸在大家面前露面时，你想过没有，百忙之中抽出时间来参加家长会的爸爸，对你的那份关心有多么的深沉？

如果你能用心寻找爸爸身上的优点，能体谅爸爸的不完美，你就会发现，就算爸爸是不修边幅、没有风度的，就算爸爸只是一名不能让你大富大贵的普通工人，依然无碍他是一名合格的父亲。

即便爸爸说错了，也不要当面和爸爸对着干

一个男孩曾经委屈地说起这样一件往事：

我和伙伴们说好周末一起去郊游，但是爸爸说什么都不同意，还说担心我的安全。

我都十几岁了，有什么事情不能自己应付呢？再说了，我们去郊游的地方又不是什么龙潭虎穴，能有什么危险？我真不明白，爸爸为什么就这么固执？

不错，在生活当中，你和爸爸意见分歧的情况时有发生，面对爸爸的固执和坚持，你常常会觉得非常气愤，常常会不由得怒发冲冠、暴跳如雷，大有“你不让我怎么干，我偏要怎么干”的架势。

你可曾知道，当你像一只刺猬一样竖起浑身的刺，对爸爸露出一副气势汹汹的挑衅模样时，爸爸的心里会怎么想？

他会感到不被尊重的失落，会因父亲权威的缺失感到不安。

爸爸最大的心愿，就是自己的儿子能够成才，能够健康快乐地成长。尽管有时候爸爸的观点和看法可能会与你的有些出入，但这并不说明爸爸不爱你，也不说明爸爸就不能理解你。

所以，不要用你的对抗来让爸爸难受，选择一个合适的时间，和爸爸好好谈一谈，或许，问题就能轻松地解决呢！

给爸爸一些爱的感动

在你的眼中，爸爸总是那么的严肃和深沉，总是不轻易表达自己的情感，不轻易展现自己的喜怒哀乐。

也正是因为爸爸的情感如此内敛，让你产生了这样的错觉：爸爸是不需要我们向他表达爱的。

其实，你错了。爸爸有着一副伟岸的身躯、有着坚强的意志，但是，他们依然需要你的爱。

一位初中男孩曾在日记里写道：

我的爸爸是一位工程师，工作很忙。看着爸爸为了全家四处奔波，我觉得自己该给爸爸做点儿什么。父亲节的时候，我费了很多心思为爸爸准备了一件礼物。当爸爸下班回家，在自己的桌上发现这份礼物时，我看到，爸爸的脸上洋溢着非常幸福的笑容。那一刻，我忽然明白，原来父亲需要我们做的竟是这么简单。只要一份小小的礼物，只要一点儿小小的关怀，就足以让他们心花怒放……

为爸爸做一点点事情，哪怕这件事情小到微乎其微，只要是你做的，爸爸就会异常的开心。比如说，在爸爸下班回家后给他递上一杯水；比如说，记住爸爸的生日，并给他准备一些小小的惊喜。

在生活的小小细节中，给爸爸一些爱的感动，你会发现其实爸爸也是一个很感性、很容易亲近的人。

给你一些过来人的经验

即便爸爸错了，也不要当面和爸爸对着干，选择一个合适的时间好好跟爸爸谈一谈，你会有新的收获。

为爸爸做一点点事情，哪怕这件事情小到微乎其微，只要是你做的，爸爸就会异常的开心。

7 你的青春期，也是爸妈的更年期

你的变化

“你开始觉得爸爸妈妈的管教啰嗦，你开始不愿意听从爸爸妈妈的意见，你开始对爸爸妈妈令你不满意的地方进行反驳和顶撞……你不再是那个乖巧顺从的孩子，你开始有了自己的想法和行为方式……”

当你渐渐步入青春期，各种青春期的特征接踵而来：叛逆、自我、特立独行。

一旦父母的话让你觉得不受用，就会针锋相对地进行顶撞。

前段时间，我出门办事的时候，就看到了这样一对父子：

儿子吵着要进商店买一件嘻哈服，父亲不同意，说嘻哈服不适合学生穿。

父亲的话音刚落，儿子就一脸不高兴地说：“我喜欢嘻哈服你不给我买，那你喜欢我学习好，我也不好好学！”

听着儿子说出这样的话，父亲一时之间气得说不出话来。

这样的场景是不是也经常在你的身上发生？你是不是也经常会和父母一言不合即翻脸叫嚷？

孩子，我们知道，青春期的你，情绪容易出现波动；我们也知道，青春期的你，另类、自我，不愿意受到太多规矩的约束。

但是我的孩子，请你一定相信，父母无论对你说什么或者做什么，出发点都是为了你好，都是因为站在了你的角度在替你考虑问题。

如果你与父母之间因为某些话语产生了误会，让你不能接受，请你也体谅一下做父母的心情，不要立刻出言顶撞。

因为你的青春期，也正是父母的更年期。

更年期的一大特点就是性子开始变得急躁，“我说什么你就得听我的，一旦你不服从，我就跟你着急”。

相信，对此你也是深有体会，当你和父母不能达成一致的时候，你说东，父母说西，双方谁也不退让，结果不欢而散。

这样的结局，父母不满意，你同样也不满意。父母含辛茹苦把你养大，看着你茁壮成长，看着你有自己的个性和见解，自然是高兴的。但是，因为父母所处的特殊时期使然，父母和你之间有了分歧的时候，难免会控制不住自己暴躁的情绪。这个时候，父母需要的是你的理解，而不是你不顾后果地顶撞，从而将问题激化。

父母能够站在你的角度为你考虑问题，你为什么就不能站到父母的角度为父母考虑一下呢？

父母的脾气大也是情非得已

正像我在前面提到的一样，当你处于青春期的时候，父母也恰逢更年期。当更年期和青春期遭遇，难免就会擦出一些火花。

父母脾气大也并非他们的本意。

我的一位女性朋友就曾这样跟我说起过发生在自己家里的一件事：

周末的时候，我又和儿子吵起来了。说起来也不是什么大事，就是儿子想要参加学校的文艺队。当时我听儿子说完，就光想着儿子参加这个文艺队会耽误学习，立马就表示反对。儿子也是认死理，就是不肯如我的意，偏要参加文艺队。

结果，我们两个人就为了这点儿事儿争得脸红脖子粗，最后，我气得差点儿哭了，儿子也是一脸不忿，很是委屈。

过后想想，其实这也算不上什么事儿，只是当时儿子一跟我对着干，我的火儿就上来了，几乎想都没想就跟儿子杠上了……

不错，处于更年期的父母，大多会犯这样一个毛病：一丁点儿的小事，他们都会较真，你若不让他们如意，他们就会跟你着急发脾气。

其实，这并不是他们的本意，发过脾气之后，他们也会后悔，也会自责，也会懊恼自己的冲动。

所以，孩子，理解父母的情非得已吧！父母也是因为处于更年期这个特殊的阶段才会控制不住自己的情绪。对父母多一份理解和宽容，你就能和父母相处得非常愉快。

可以坚持正确的想法，但是要讲究方式和方法

每一位父母都是全身心地爱着自己的孩子。正是因为爱你，所以，父母扛起了家庭的责任，扛起了让你幸福的义务，奔波劳碌，义无反顾。

正是因为爱你，所以，父母才会为一些鸡毛蒜皮的小事和你争论不休，以防止这些小事会让你受到一丁点儿的伤害。

所以，孩子，请你理解父母的心情，如果认为自己真的是对的，你可以坚持自己的观点，但是请你不要和父母直面相对。

解决问题的方法有很多，解决问题的时间也很充足，大可不必非得和父母顶着干。或许，等父母冷静下来之后再找他们谈一谈，事情就会是另一番局面。

我认识的一位男孩就是一个善于和父母沟通的高手：

当我和父母的意见发生分歧的时候，我常常会选择沉默，认同父母的观点。当父母情绪稳定、能够静下心来听我好好说话的

时候，我再向父母陈述我的观点和看法。这时，父母常常就能听进我的话，我们的分歧也就能得到消解。

从这个男孩的例子中，你是不是也受到了一定的启发呢？当你和父母产生意见分歧的时候，争得脸红脖子粗，于事无补，倒不如选择沉默，避开父母情绪激动的那一刻。等父母的情绪稳定下来，再好好和父母谈一谈，相信没有什么事情是不能和平解决的。

给你一些过来人的经验

更年期的一大特点就是性子开始变得急躁。所以，如果亲子之间因为某些话语产生了误会，让你不能接受，请你也体谅一下做父母的心情，不要立刻出言顶撞。

对父母多一份理解和宽容，你就能和父母相处得非常愉快。

8 孩子，请和爸爸妈妈做朋友吧

你的变化

“你慢慢地长大，慢慢地有了自己的思想和交际圈子，不再缠着爸爸妈妈给你讲故事，不再跟在爸爸妈妈的身后诉说着你的烦恼和苦闷，好像一夜之间，你和父母之间有了一堵无形的墙，把我们阻挡在了你的世界之外。”

在多年的工作实践中，我曾遇到过各种各样的孩子，有很多孩子最后会变得孤僻乖张，不合群，大多和不喜欢与父母交流有很大的关系。

初中生小郑非常喜欢电脑技术，几乎每天回家之后都要抱着电脑没完没了地鼓捣起来。父母以为小郑是上网成瘾，便说了他几句，让他好好学习。小郑认为父母不理解他，便故意和父母作对。父母越是看重他的成绩，他越是不学，结果成绩越来越差，连个像样点儿的高中都没考上。

不错，青春期的你最明显的一个特点，就是不再希望父母约束自己、管教自己，开始渴望有自己的想法，有自己的自由。正是因为如此，你更倾向于和身边的伙伴去讨论一些问题，而拒绝和父母心平气和地聊一聊。

其实，孩子，你的心情，做父母的都理解，我们也一直尝试着给你充分的尊重和自由。比如，我们会给你一个带锁的抽屉，会让你自主安排自己的周末，会给你充分的决定权和选择权……

然而，你的拒绝让我们不知所措，让我们惶恐不安。

有什么话是你不能跟父母说的呢？父母把你养大，精心呵护你、疼爱你。当看到你成长为一个大孩子，开始有了自己的秘密，我们在感到欣慰的同时却略略有些伤感：孩子大了，为什么反而和父母不亲了呢？

或许，你有你的理由：

爸爸妈妈把我管得太紧了，什么都要管，烦死了！

我和爸爸妈妈没话说，说了他们也不懂！

爸爸妈妈不理解我，跟他们说有什么用！

“烦死了！”“他们理解不了！”是你常常挂在嘴边的话。然而，我想问问你，你真的试图和父母心平气和地谈谈了吗？没有吧！

就像我在例子中提到的男孩一样，当他觉得父母不理解他，不能站在他的角度着想的时候，是怎么做的呢？故意和父母作对，不去理睬父母。结果呢？受害最大的，仍然是他自己。

父母给你自由，同样，你也应该给父母信任。只有这样，父母才能知道你心里到底在想些什么，才能帮助你解决问题和困惑，才能保证你在今后的成长道路上一帆风顺。

像朋友一样开诚布公，随时交流

曾经，你是爸爸妈妈的“开心果”，喜欢围着爸爸妈妈滔滔不绝地诉说你生活中的点滴；曾经，你把爸爸妈妈当成自己心中的“超人”，遇到问题总是会第一时间想到爸爸妈妈。

可是，随着你迈进了青春期，你和爸爸妈妈无所不谈的那扇心门也随之关上了：你不再事事追问父母的意见，让父母为你拿主意；你不再喜欢听父母在你耳边叮咛，变得我行我素……

我们承认，你确实是长大了，需要有自己的交际圈子和自己决定事情的权利，这些我们都能感受到。但是，孩子，我们也想请你理解父母爱你的一颗心。因为爱你，才想要了解你，走近你；因为爱你，才会不在乎你恶劣的态度，一遍又一遍地告诉你怎么样做才是对的。

你可以去听取身边一些朋友的意见，为什么就不能听取自己父母的意见呢？

父母也经历过青春期，对青春期会遇到的问题有更多切身的感受和经验，我们所提出的观点和看法，能让你少走很多弯路，避免很多伤害，听一听父母的建议又能让你损失什么呢？

我认识的两位男孩就给大家提供了这样鲜明的对比：

男孩小强和小舟都是青春期的孩子，在面对问题的时候，两个人的反应却是截然不同。

小强在第一时间想到的是和伙伴们商量，而小舟想到的却是找父母商量。

比如说，两个人看到周围的伙伴穿耳洞很酷、很时尚，觉得自己没有耳洞很老土。

“穿不穿耳洞？”小强问身边的朋友。

“穿不穿耳洞？”小舟问父母。

小强身边的朋友都是一些穿过耳洞的朋友，他们自然也很乐意小强和他们一样，所以，不遗余力地鼓动小强去穿耳洞，结果小强在穿耳洞的时候，皮肤受到了感染，半只耳朵都化了脓；小舟的父母则从多方面帮小舟分析穿耳洞的利弊，得出穿耳洞可能会对小舟有哪些不利的影响，在比较的过程中，小舟也明白了穿耳洞只是自己的虚荣心在作祟而已，从而放弃了穿耳洞的想法。

像朋友一样看待父母，没有什么问题是不能和父母谈的。我也相信，每一位父母都希望你能开诚布公地将生活中遇到的问题找他们谈一谈。

当你能够真正听从父母的建议时，就会发现，有些问题真的不是同龄人能帮助你解决的。和父母做朋友，你看待问题的宽度和广度也能在一定程度上得到提升。

真正把父母当朋友一样对待

一位男孩曾自豪地跟我说：

别的同学和父母之间的关系，那叫规矩得不得了。在我家就不一样，我和妈妈是无话不谈的“侃友”，和爸爸是亲密无间的“战友”，很多来过我家的同学都说我没大没小，他们哪里知道，我是真的把父母当成好朋友才会这样呢！

的确，和父母做朋友，光是嘴上说说还不够，只有真正把父母当成朋友，才会跟父母无话不谈，也只有真正把父母当成朋友，和父母之间才能亲密无间。

或者，和妈妈坐在一起聊一聊娱乐八卦；或者，和爸爸一起去楼下打一会儿篮球。当这种和谐的气氛在你和父母之间弥漫开来时，你就能体会到和父母做朋友的快乐和幸福。

给你一些过来人的经验

像朋友一样看待父母，没有什么问题是不能和父母谈的。

和父母做朋友，光是嘴上说说还不够，只有真正把父母当成朋友，才会跟父母无话不谈，亲密无间。

第二章

明确一个问题：你在为谁读书

你不是在为别人读书，也不是在替别人完成任务，你读书就是为了自己更好地发展，为了自己理想的生活，为了自己在10年后，不要落于同龄人后面。

你可以贪玩，但一定要有所节制，一定要有自己的时间规划。

学习的过程就像比赛划船一样，你想快点儿，就得手勤一点儿，掌握一定的划船技巧。在这个过程中，你是主角，谁都不能替代你的位置。

1 你在为谁读书

你的变化

“小学低年级的时候，爸爸妈妈不用催促你，你就会主动自发地去学习，随着你越来越大，思维能力越来越强，思考的问题也越来越多，你开始变得不配合，开始觉得学习是一项别人强加给你的任务，是一件苦差事……你开始厌倦学习，没有了学习的动力……”

当看到你兴致勃勃地在电脑桌前玩着时下最流行的游戏；当看到你耳朵塞着耳机，百无聊赖地哼唱着玩世不恭的小曲儿；当看到你对着课本神游天外，私会周公；你可知道，父母心里在想些什么吗？

我们在为你担忧，在为你的前程担忧！在为你的未来担忧！

正因为担心你的前途，正因为担心你的未来，所以，在家里，你总能听到父母这样的声音：

快点看会儿书吧，明天要考试了！

你要再这么下去，连个像样儿的高中都考不上！

你怎么就是不能踏踏实实学一会儿呢？像你这么心浮气躁，怎么能学得好！

或许就是因为这种殷切的关怀，让你产生了错觉，让你觉得学习是父母的事，让你觉得学习是一项父母强加给你的任务。

其实，孩子，你这样想就大错特错了。你学与不学，学习好与坏，跟别人没有多大的关系，直接受到影响的人，是你自己。

我所熟识的两位男孩，给大家提供了这样一个真实的对比：

男孩晓峰和晓军在刚刚升入高中的时候，两人的成绩差不多。

晓峰升入高中后，觉得自己自由了，再也不用在爸爸妈妈的约束下用功学习了，开始尽情放纵，每日流连于网吧、KTV 等娱乐场所，学习成绩飞流直下。

晓军则清楚，如果自己现在不好好学习的话，很可能就会在高考的时候败下阵来。所以，从迈进高中校门的那一刻起，晓军不仅没有懈怠，反而愈加用心学习了。

结果也就不言而喻，高考过后，晓峰因为平时不用功，考得一塌糊涂，只好参加了工作，但是因为知识技能不够，在工作中总是错误百出，因此，他也就一直不受重用。

而晓军则如愿考上了一所全国重点大学，在大学的几年学习中，不断充实自己，大学毕业后，被一家知名的外企招至麾下，前途也是一片光明……

说到这里，这两位男孩今后的发展会如何，大家的心里是不是已经很清楚了呢？

你是选择前者，还是选择后者，心中是不是也有了一定的衡量？

选择前者，固然能让你在一定时期内过得逍遥自在，但是，逍遥自在之后，所要面临的失败打击和郁郁不得志，却不是你脆弱的心灵所能承受得住的。

所以，孩子，从现在开始，你就必须弄清楚一个问题：你在为谁读书？

为10年后，不要落后于同龄人

不知道你有没有想过10年之后，你会是什么样子？

或许，你是一位事业有成的商界精英；

或许，你是一位赫赫有名的学者；

或许，你是一位地位显赫的政界要人。

的确，这些前景都非常诱人，也非常令人神往。但是，我的孩子，你必须知道这样一点：如果你现在不努力，10 年后的你，绝对不会有这样的成就。

或许，你会认为我是在危言耸听，并且可能还会举出一两个不读书照样也成就斐然的名人例子来反驳我。

你的反驳，我不能说是错的，但我可以很负责任地告诉你，不好好读书就能赢得成功的人，毕竟是少数；不努力就能赢得成就的人，更是凤毛麟角。

不思进取，不肯付出汗水和辛劳，若干年后，你就会和别人差出十万八千里。就像我在本章一开始提到的那两个男孩一样，一个在高中阶段放松懈怠，尽情放纵，没有好好地读书学习；一个在高中阶段加倍努力，积极进取，为了美好的未来而不懈努力。

10 年之后，这两个男孩的生存状态会出现巨大的差异，你也就不需要觉得奇怪了。

所以，你必须明白这样一个道理：你不是在为别人读书，也不是在替别人完成任务，你读书就是为了自己更好地发展，为了自己理想的生活，为了自己在 10 年后，不要落于同龄人后面。

为 10 年后，你能做自己喜欢的事情

生活当中，每个人都有不同的生存状态，有的人在自己喜欢的行业里干得激情四射，风生水起；有的人则习惯于应付，含混度日，碌碌无为。

如果我问你：“他们之间为什么会有如此大的差别？”

你可能会这样告诉我：“因为他们对于所做的事情持有的热

情程度不同。”

的确，对于做某件事情有没有热情，就决定了这个人的精神状态是积极饱满的，还是消极懈怠的。这其中，就涉及到了一个爱好的问题。

喜欢，则能干得起劲儿；不喜欢，则会兴趣索然。

10 年后，你将会是怎样一种状态，现在，就起着至关重要的作用。

是明确自己的理想，从现在就开始不断努力，还是混一日是一日？现在的状态不同，在一定意义上，也就决定了 10 年后状态的迥然差别。

曾经有位教师朋友这样跟我说：

在上中学的时候，我就这样告诉自己，将来我一定要做一位学识渊博、受人尊敬的老师。在这个理想的激励之下，我孜孜不倦地学习各项专业知识，不断地充实自己。功夫不负有心人，当我今天能够自信地给学生答疑解惑，当我从学生脸上看到了恍然大悟的表情，我真正感到了自己所选择的这项事业是多么的伟大，多么让我自豪！

不错，只有发自内心地去爱一项事业，你才能热情如火地投入到工作当中去，也只有自己真心喜欢做某事，才能经年累月地坚持。

说到这里，你是不是已经明白些什么了呢？好好学习，不是让你应付父母，应付老师，而是为了你在未来能拥有自己生活的方式，能过得主动和积极，能充满活力和激情。

为现在和将来，活得更有尊严和价值

一位不得志的旧友曾跟我提起过这样一件旧事：

上学的时候，我一直没怎么用心学习，高考后，进了一所不入流的大学，混了三年下来，找了一份自以为还算不错的工作。

去年，老同学们聚会，一些重点大学毕业的同学也纷纷到场。这些同学在各行各业都做得有声有色，个个都是春风得意的样子。听着他们口若悬河地谈着自己这些年的业绩，我忽然觉得自己很渺小，和同学们显赫的成就比起来，我深深地觉得自卑……后来，同学们说了些什么，我都没有特别注意听，只觉得在这些成就斐然的同学中间坐着是一种煎熬……

相信例子中类似的情况，你也曾听家长苦口婆心地讲起过，也曾见识过得志者和失意者之间的反差。这种心理上的差距，很多时候能压得人窒息。

如何才能在将来活得更有尊严，如何才能让自己的人生更有价值，当你和同龄人站在一起时，不会因为比别人差而自觉低人一等？

从现在开始就朝着优秀的方向好好努力，从现在开始就用功读书吧！

给你一些过来人的经验

你学与不学，学习好与坏，跟别人没有多大的关系，直接受到影响的人，是你自己。

你不是在为别人读书，也不是在替别人完成任务，你读书就是为了自己将来能更好地发展。

2 学习真的很累、很苦吗

你的变化

“不知道从什么时候开始，你不再精神百倍地投入到学习当中去；不知道从什么时候开始，你的嘴边常常会挂着这样的话语：‘好累啊，我不想学了！’；不知道从什么时候开始，你会对着课本打瞌睡……”

我的孩子，看到你对学习抱着这样的态度，我真的很想问问你：学习真的很累，真的很苦吗？

或许，你会忙不迭地点头，大吐苦水，诉说着学习过程中的困难；或许，你会列出很多事实来证明自己的辛苦。

好吧！孩子，我承认，你说的这些都是事实。我承认，有时候，你在学习的过程中或许真的会遇到一些麻烦和困扰。

但是，如果遇到一些小小的挫折，你就觉得学习很苦，想要放弃，那么，我倒想再问问你：在十几岁的年纪，你不去读书，你打算做什么？

生活中，你或许会看到这样的场景：

去菜市场买菜的时候，有些和你年龄相仿的少年，汗流浃背地帮着父母卖菜；

报纸上、电视上，也经常会报道一些贫困山区的孩子因为没钱读书而辍学归家的消息；

逛街时，炎炎烈日下，散发传单的少年，脸上的焦灼与渴望，是那么的无奈和沧桑。

如果，你去问这些孩子，他们的心愿是什么，相信，他们会异口同声地告诉你："我们要读书。"

的确，只有体味到了生活的艰难和自食其力的辛劳，你才能明白在安静整洁的教室里读书的可贵。

有句话说得好："身在福中不知福。"意思是说习惯了某种生活，也就感觉不出这种生活的幸福。其实，这句话用在你的身上，也是非常恰当的。

正是因为你每天都在学习，每天都在自由地享受着最优越的学习条件，所以，你慢慢变得麻木了，慢慢觉不出自己能够没有任何后顾之忧地在教室学习是多么幸福的一件事情。

因为这样，你觉得学习很苦；因为这样，你在学习中体验不到快乐！

其实，仔细想想，这只不过是你的一种错觉罢了，是你的幸福感麻木后出现的一个必然征兆而已。

你之所以会觉得学习苦、学习累，关键不在于别的，而在于你没有弄明白这样三个问题：

如果你感觉学习很苦、很累，那只能说明你的学习方法不对

在和身边的青少年一起聊天的时候，我常常会说到这样一句话："如果你在学习的过程中感觉很苦很累，那只能说明你的学习方法不对。"

的确，学习没有好的方法，就像走路没有方向一样，难免会走很多冤枉路，多受了累不说，效果也不会太好。

我认识的一位初中男孩就是一个很好的例子：

男孩小孙学习非常刻苦，几乎每次看见他的时候，他都捧着书在看，但让人费解的是，他的成绩却一直不好。为此，他曾苦

恼地向我倾诉："我付出不比别人少，努力也不比别人少，为了把成绩提上去，每天我都累得不行，可是为什么我的成绩就是提不上去呢?"

望着男孩一脸困惑痛苦的神色，我问了他这样一个问题："你在学习的过程中，有没有一定的学习方法?"

听我这样问，小孙茫然地摇摇头："上课听老师讲、下课认真做作业、复习，不就好了吗? 还需要什么方法?"

不能否认，对于小学低年级阶段的学习来说，听课—作业—复习的模式确实能让你的成绩一直都保持优秀，然而，对小学高年级和中学阶段的学习来说，这一模式显然已经不适用了，如果在这一阶段，你仍然没有掌握一定的学习方法，就难免会觉得学习苦、学习累了。

所以，我的孩子，当你感觉学习很苦、很累的时候，不要再继续按着自己的思维去学习，停下来问问自己：有没有更好的学习方法，怎样学习才能既轻松又高效?

当你在不断摸索和实践的过程中，总结出适合自己的一套学习方法时，你就会发现学习不仅不会累，而且还是一件很有趣的事呢!

想想学习当中那些有趣的和有价值的事情

曾有一位学习成绩不错的学生这样介绍自己的学习经验：

每当我在学习的过程中遇到困难和挫折，觉得学不下去的时候，我就会想想学习当中那些有趣的事情。比如说，某次考试时，同桌在默写诗句后面这样接："采菊东篱下，（悠然种南瓜）。"比如，我会想起解出某道题目后，老师对我的夸奖……

每当想到这些的时候，我的情绪都能很好地得到调动，就会觉得学习是一件非常有意思的事情。

当你也觉得学习很累、很苦的时候，不妨也这样做，多想一想学习当中那些有趣的和有价值的事情。或许，你就能在这些事情中，找到学习的乐趣，重新对学习充满激情呢！

学习中有趣、有价值的事情有很多。比如，在你和同学们争论某个题目后，证明自己是正确的；比如，在某个知识点上为难很久，突然豁然开朗……

这些学习过程中神来之笔的一瞬，往往能够带给你很多惊喜，让你在学习的道路上矢志不渝地坚持下去。

和那些志同道合的同学一同奋斗吧

当你一个人的时候，做事难免就会觉得没劲儿和无趣，找一些志同道合的同学一起奋斗，你就会发现你的劲头会不自觉地足起来，并且，当你和别人一起努力的时候，你的好胜之心往往也能得到极大的激发。

一位学生就曾这样说：

刚刚升入中学的时候，我一下子就觉得压力重了起来。那么多的学习任务，那么多的学习课程，好像总也学不完，总也做不完似的。

在这样的状态之下，我每天都是一副没精打采的样子，学习成绩也就不甚如意。后来，一次偶然的机会，同桌让我跟他比赛写作业，看谁写得又快正确率又高。我一听，这个主意不错，就跟同桌比了比……结果我做得虽快，但是正确率不高，同桌做得虽慢，正确率却极高。

面对这个结果，我自然是不服气的，以后，每当作业、练习甚至考试的时候，我都会主动要求和同桌比一比。不知不觉间，学习反倒成了我所期盼的一件事，我的成绩也得到了极大的提升。

不错，和你身边的同学一起奋斗，和那些比你强一些的同学比一比，你的学习动力就能在不知不觉间得到极大的提升，就能在与同学们“切磋”的过程中体味到学习的无穷乐趣。

给你一些过来人的经验

学习没有好的方法，就像走路没有方向一样，难免会走很多冤枉路，多受了累不说，效果也不会太好。

学习过程中神来之笔的一瞬，往往能够带给你很多惊喜和成就感，让你在学习的道路上坚持下去。

3 厌学来临了，机会来临了

你的变化

“曾经，一回家就埋头写作业的你，现在开始有意地拖延和逃避作业；曾经，一谈起学习就神采飞扬的你，现在开始变得对学习莫名的畏惧；曾经，一捧起书本就深深着迷的你，现在开始对课本敬而远之……”

每当看到你面对自己不如意的成绩露出无奈神色，看到你坐在书桌前精神恍惚、神游天外，看到你面对一道道解不出的题目愁眉紧锁、咬牙切齿时，我们都会感到深深的担心和焦虑。

你开始厌学了，你开始觉得学习是一件痛苦的事情了。

因为这样，你讨厌父母不停地叮咛你及时写作业；因为这样，你开始没来由地抵触和学习相关的一切话题……

是的，我的孩子，你的心情我们能理解。你渴望成功，渴望取得优秀的成绩，然而，现实却总是不如意。在一次次努力之后，在一次次挣扎之后，你变得心灰意冷，变得对学习失去了信心。于是厌学情绪开始不断滋长了，你开始对学习抱着应付敷衍的态度。

事实上，你的这种心情与行为，我们完全能够理解——因为你没有在学习的过程中体验到成就感，没有取得让自己满意的成绩，在这样的状况之下，你会觉得学习无趣，会产生厌学情绪，也就无可厚非。

这时候，你往往也会面临两个抉择：是任由厌学情绪继续下去，消极懈怠，就此沉沦，还是在厌学情绪产生之时积极应对，绝地反击？

如果此时你心里的答案是后者，那么我们要由衷地对你说一声：恭喜你，孩子——厌学来临了，你的机会也来临了！

为什么这么说呢？

其实，很多时候，你之所以会厌学，恰是你内心深处渴望优秀的一个暗示。因为你没有在学习的过程中体验到成就感，没有取得让自己满意的成绩，在这样的状况之下，你才会觉得学习无趣，才会产生厌学情绪。

因为你有很强的自尊意识，因为你是一个内心渴求上进的孩子，因为你有想要取得好成绩的欲望，所以，才会在意学习上的不如意。所以，你才会在遭受失败之后，对学习产生浓重的倦怠感。

换句话来说，你是个富有潜力的孩子，你的内心是渴望优秀的。只要你懂得一定的方法，当厌学来临的时候，机会也就来临了。

只问进步，不问成绩

很多厌学情绪严重的男孩都有这样一个通病：总是喜欢盯着自己的成绩看。

当你总是盯着自己的成绩时，在无形中，心里就会有一种压力：成绩越是没有提升，心里越是着急；越是着急，学习效率就越低。恶性循环之下，想要取得好成绩，也就更难了。

所以，在学习的过程中，不妨这样做：只问进步，不问成绩。

什么是只问进步？每一天哪怕多掌握一个知识点、多会做一道题、多掌握一种解题技巧，就是进步。

什么是不问成绩？得了 99 分不要骄傲，找一找剩下的 1 分丢在了哪里；得了 59 分也不要气馁，找一找剩下的 41 分丢在了哪里。

当你在逐渐的进步中厚积薄发，当你在点滴的收获中积累下丰富的经验教训，取得不错的成绩也就是自然而然的事情了。

越是不擅长的科目，越是不能留疑问

我的一位朋友曾这样提起自己上高中的孩子：

孩子在班上名次也不是特别靠后，总体成绩也不错，就是物理差了一些。本来只要孩子肯用用心，物理成绩提上去，也不是什么困难的事情，但是这孩子就是对学习物理没有信心，一提起物理就一副苦大仇深的样子。结果，孩子的物理成绩越来越差，整体成绩也跟着一路滑坡……孩子学习的积极性也就大受打击，竟然渐渐开始产生厌学情绪……

如果你用心观察就会发现，周围很多同学会厌学，很多时候就是因为某一科目学得不够好，就是因为某一科目让他学得吃力。

因为一科学得不好，通常会连带着对学习失去了信心和兴趣。所以，如果你也是因为对某个科目不擅长而不愿意学习的时候，不妨这样做：越是不擅长的科目，越是不能留疑问。

朋友家的孩子在听从我的建议之后，就是这么做的：

上物理课的时候，他尽量要求自己全神贯注地听老师讲解，有不明白的地方就记下来，下课后第一时间找老师解决。做题的时候，碰到自己不能解决的问题，也会要求自己多思考一下。自己实在解决不了，及时地向外界寻求帮助。

在这么做的过程中，他学习物理的热情渐渐高涨起来，成绩也水涨船高。

仔细想想，在男孩身上会出现这样的结果，其实一点儿都不新鲜。男孩，尤其是青春期的男孩，大多有一股不服输的劲头。如果你能善加利用这股劲头，就能在学习的过程中愈战愈勇，进而将那些学习道路上的“拦路虎”尽数消灭。

和父母沟通，请他们帮助自己

每一个做父母的，都希望自己的孩子能够优秀，看到你的成绩总是在一个阶段徘徊，父母心里着急，甚至为此训斥你两句是常有的事儿。

但面对父母的期盼，你却开始自暴自弃了，开始破罐破摔和我们对着干了……

其实，父母也知道成绩提升是一个循序渐进的过程，不是谁说提就能立马提上去的，只是因为关心之切，才会控制不住自己的行为；父母也知道，你努力学习一段时间后成绩不佳，会着急上火。

但是，如果这些情况你不说，不告诉父母你的问题到底是什么，父母又怎么帮你呢？所以，孩子，原谅父母对你表现出来的急切心情，把你的难处说出来，父母便会尽最大的努力来帮助你。

有这样两个方法，就非常有助于你和父母之间达成谅解：第一，认真地告诉父母，你是一个努力上进的孩子，让父母给你一些改变的时间；第二，告诉父母哪一门课程你学得非常吃力，需要请一名家教。

当你能够向父母坦言你的难处，将问题摆上桌面时，想要解决提升成绩的问题，就容易多了。相应地，当你的成绩逐渐提高之后，你也就会生出一种自豪感，进而对学习产生浓厚的兴趣，不用别人催促也会自动自发去学习了。

给你一些过来人的经验

厌学并不一定就是坏事，在某种程度上，它正是你渴望优秀的一个暗示。

每一天哪怕多掌握一个知识点、多做一道题，就是进步。

当你能够向父母坦言你的难处，将问题摆上桌面时，想要提升成绩就容易多了。

4 遇到不爱学的科目怎么办

你的变化

“以前，你几乎每门科目都能取得不错的成绩，你也总是欢声笑语的；可是现在，你开始为了学不好某些科目而愁眉不展，郁郁寡欢……”

当你渐渐步入青春期，学习上的烦恼也开始多起来：

语文为什么一定要写作文呢？真是头疼死了，对着作文本大半天了，我愣是写不出一个字儿来！

这些文科知识真是让人烦，什么时间、地点、人物，什么这个概念、那个定义，怎么记都记不完呢！

英语才叫人郁闷，看到那些蝌蚪似的单词，我就一个头两个大！

的确，随着年级越升越高，随着学习的科目越来越多，偏科这个学习过程中大家普遍会遇到的问题开始“光顾”你了。

面对着自己无论怎么努力都学不好的科目，你常常会泄气，常常会生出无能为力之感，觉得那些弱势的科目，就像是横亘在自己眼前的一座座大山，无论自己怎么努力都无法攀过它们。这种感觉，让你从心里生出惶恐和不安，让你开始对自己失去了信心和坚持下去的勇气。

看到你因为学不好弱势科目而精神憔悴，我们也深深意识到了问题的严重性。

你的青春期，也恰是中学学习的关键期，在这个阶段，若是出现了偏科的现象，无疑就会给今后的学习造成不好的影响。

我所熟悉的一位男孩的亲身经历，或许能给大家以启示：

男孩孙建上中学之后，语文的那些琐碎的知识点，经常会让他感到晕晕乎乎。虽然孙建也想把语文学好，但是努力了一段时间后就是不见长进，心灰意冷之下，他放弃了语文的学习，转而努力学习其他科目。然而，尽管孙建其他科目学得还不错，整体成绩却总是在中等徘徊。

中考之时，孙建因为整体成绩不如意，没能如愿进入重点高中。

其实，仔细观察你就会发现，在学习过程中吃过偏科亏的人，并不在少数。比如说，有人可能数学学得特别好，但作文却一塌糊涂；比如说，有人可能理科学得很好，但一提起文科识记常常就会感到苦不堪言。

你的烦恼，我们看在眼里，急在心里。作为父母，我们想让你成为最优秀的那一个，但是你的偏科问题却着实让我们头痛。

所以，孩子，即便我们知道，你不想面对那些让你头疼不已的科目，我们还是要告诉你：偏科并不可怕，可怕的是，你不知道该如何应对偏科。

你为什么不爱学

任何事情的发生和发展都不是没有缘由的，你的身上会出现偏科的现象，自然也不例外。在多年与青春期孩子接触过程中，我将大家会出现偏科的原因总结了这样三点：

（1）畏难情绪

生活中，你或许会有这样的经验：当你对做某事不抱信心时，做事的积极性往往就会大打折扣；当你对做某事心存畏惧时，就会没有勇气去面对这件事情。学习也是如此，当你对某个学科心生畏难，觉得自己学不好时，就不可能有信心坚持学习下去，也就会造成更加学不好这门学科的恶性循环。

正是从这点上说，如果你在学习的时候，碰到了让你感到为难的科目，拥有坚信自己能够学好的心态，对你来说就很重要。只有相信自己能够学好，你才能在面对困难时，不抛弃不放弃；只有相信自己能够学好，你才能永不气馁地去迎接学习当中遇到的各种问题。

（2）意识不到偏科的危害

实际生活中，我还遇到这样一些孩子：本身偏科问题很严重，但是自己却意识不到偏科带来的危害。

我的一位表弟家的孩子就是这样一个例子：

表弟家的孩子牛牛上中学之后，开始出现偏科现象，非常喜欢理科方面的实验和运算，却不喜欢文科的识记和运用。

表弟为此也曾跟牛牛认真地谈过，让他多花些心思在弱势科目上，牛牛努力了一段时间不见效果，便想反正不好的科目怎么努力都学不好，还是多花些心思学其他科目，让优势科目来给自己提升成绩吧！牛牛这样想，也真这样做了。

这样过了没多长时间，牛牛就出现了明显的“瘸腿”现象，成绩也因此出现了大幅的波动，失去了刚升入初中时在班上的优势地位。

不止我表弟家的孩子，在和身边很多男孩谈起偏科这个问题时，常常会有孩子这样回答我：“反正我怎么也学不好这一门课了，就用我擅长的一门学科来帮我提分好了。”

优劣互补，听起来似乎很有道理，但是，你想过没有，你的优势即便再强能比别人强出多少？以我做老师的经验来看，优势科目确实能让你的总体成绩有一定的提升，但是想要弥补劣势科目和别人之间的差距很难。

所以，你有自己的优势科目固然是好事，但是对劣势科目，也不应该就此放任不管。

（3）对老师有偏见

一位亲戚在谈起自己上初中的孩子时，提到这样一个细节：

我家那个孩子可真是让我头疼，上中学时，开始偏科，不喜欢学物理，每天放学回家就开始跟我念叨物理老师怎么怎么让人受不了，死板、老学究、偏心眼儿……听着孩子没完没了地数落着老师的不是，我终于知道了孩子不喜欢学习物理的症结所在，就是因为孩子对物理老师没有好印象。

听到这位亲戚说到这件事情的时候，我也是感触颇多。因为喜欢某个老师而喜欢学习某门课程，因为不喜欢某个老师而不喜欢学习某门课程，在青春期孩子的身上是非常普遍的。

然而，我又不得不告诉你，你的这种行为和做法是非常不明智的。因为不喜欢老师而不喜欢学习某门课程，最终吃亏的是你，不是老师，也不是其他人。

所以，我的孩子，当你对老师存在了偏见，不妨试着去找找老师的优点，试着发现老师讲课的精妙之处，当你聚精会神地参与到老师的讲课过程当中时，或许，你就能渐渐爱上某门课程呢！

把学习当成是一种挑战

偏科现象，在青春期孩子的身上几乎是普遍存在的，但对每个人的影响却又有轻重之分。在我所熟识的青春期孩子中，有这样一个孩子，在处理偏科问题上，可谓是经验丰富：

其实，我和大家一样，在学习的过程中，也曾出现过偏科的问题。但是，我并没有像别的同学那样任其自由发展下去，而是告诉自己：挑战能力的时刻到了，严格要求自己去学好这些科目。

比如，在上小学的时候，我学不好数学，就从学习基础知识开始，每天给自己布置一些学习任务，坚持不懈地练习；比如，上中学的时候，我不爱学英语，于是就给自己布置每天背20个单词的任务……

当然，在开始这样做的时候，可能心里还会有一点儿畏难情绪，但是随着一道道难题被我解决，一个个“拦路虎”被我消灭，克服困难后的成就感油然而生，我学习的激情和动力也就被极大地调动了起来。

的确，当你强迫自己去完成某项任务，当你在完成这项任务的过程中体验到了成功的快感时，你也就能在克服劣势科目的过程中愈挫愈勇，最终取得不错的成绩。

给你一些过来人的经验

有自己的优势科目固然是好事，但是对劣势科目，也不应该就此放任不管。

因为不喜欢老师而不喜欢学习某门课程，最终吃亏的是你，不是老师，也不是其他人。

5 可以贪玩，但一定要有明确的时间规划

你的变化

“你不再放学就第一时间赶回家，乖乖地写作业；你不再担心今天不预习，明天就听不懂老师的讲课；你不再把每一次考试都看得那么重要……”

青春期的你，像是一只展开翅膀的鹰，渴望自由，向往属于自己的快乐时光。正是因为这个特点，你开始变得贪玩，开始管不住自己的思想，或许，你会在听课的时候，想着某个歌星的演唱会；或许，你会在写作业的时候，想着某场篮球比赛……

你的心就像是飞在天上一样，再也不能踏踏实实地落在学习上面了。

但你可知道，如果你对待学习是这样一种态度，是不可能学好的！

十几岁的年纪，毕竟还小，如果在这个时候，你不好好学习，如果在这个时候，你就学不好，那么将来你能做什么？

我们不能否认，在你生存的周边环境中，总是有着太多的外界诱惑，总是有着许多让你着迷的东西。

在和身边很多青春期男孩聊天的时候，他们就曾兴致勃勃地这样跟我讲：

你不知道现在的电影有多么吸引人，我从开始看一直笑到

最后。

周杰伦的演唱会，我怎么能错过呢，他可是我最喜欢的偶像。

我刚刚买了一款最新的赛车模型，玩起来真是太拉风了。

学习哪有打篮球、踢足球来得有激情，打球、踢球才能显示出我们的青春活力！

的确，在你看来追逐潮流时尚，别人玩什么我也玩什么才叫不落伍，玩出自己的水平才能在同学面前有面子。

在你这个阶段，会有这些想法很正常，但是，我想要说的却是：“孩子，即便玩得再出色，你能玩出辉煌的未来吗？”恐怕是不能的。

正是青春萌动的年纪，你贪玩，我们能体谅，但是孩子你要明白，可以贪玩，但一定要有所节制，一定要有自己的时间规划，不能因为贪玩耽误了学习，耽误你自己的大好前程。

学习的时间，就踏实学

相信你会有这样的经验：当某项学习任务没有完成的时候，即使你在玩，往往也玩不踏实，甚至可能因为心里想着学习，导致玩得不尽兴。

所以，孩子，与其玩不痛快，学不踏实，倒不如学习的时候踏踏实实学，当你完成学习任务之后，再痛痛快快去玩，心里岂不是能更加放松？

我的一位亲戚家的孩子就曾这样说：

每当看到伙伴们玩得热火朝天时，我心里也很想和他们一起去玩，但是，我知道，如果作业完不成就去玩，我是玩不踏实的。

所以，我总是会强制自己先把作业做完，再去和伙伴们玩。这样，在和伙伴们玩的时候，我就能特别放得开，玩得也就非常尽兴。

处于10～18岁阶段的你，已经具备了一定的自我约束能力。用这种自我约束能力要求自己学习的时候踏实学，其实并不是什么困难的事情。我相信，只要你能坚定自己的信心，你也能够做到在学习的时间踏实地学。

玩耍的时间，就痛快玩

无论学习还是工作，都应遵循这样一个原则：劳逸结合。所以，我们也并不要求你一直学习，该玩的时候，我们一样赞同你要玩得痛快。

在这一点上，我所熟悉的一位孩子就是个典型：

每天晚上6:30～7:00这段时间，是我雷打不动的娱乐时间。在这段时间里，我或许会看一会儿动画片儿，或许会到小区楼下打一会儿篮球。在玩耍的时候，我从不会让自己去想学习上的事情，尽量玩得轻松愉悦。

当我玩得尽兴之后，我往往也就能踏踏实实地学习，学习的效果也就出奇得好。

每天半个小时，虽然时间不是很长，但只要安排合理，也足够让你玩得欢畅淋漓。当玩的欲望得到满足之后，你就能以一种绝佳的精神状态投入到学习当中了。

严格遵守自己的时间规划

当你制订了一份科学的时间规划后，你所要做的，就是严格遵守。

我们身边有很多人，并非没有一定的时间规划，然而，最终他们却仍旧不能取得理想的成绩，原因何在呢？就是在于计划没有落实。

很多时候，执行计划比制定计划更重要。当你意识到这一点，严格要求自己遵守自己的时间规划，该学的时候踏实学，该玩的时候痛快玩，你就能做到学习和玩耍的有机结合，就能极大地提高学习效率。

给你一些过来人的经验

可以贪玩，但一定要有所节制，一定要有自己的时间规划。

无论学习还是工作，都应遵循这样一个原则：劳逸结合。所以，学习的时候，踏实学，该玩的时候，一定要玩得痛快。

6 永远不要对自己灰心失望

你的变化

“小的时候，你是班上的佼佼者，一直都是别人羡慕的焦点。现在，你身边优秀的人越来越多，在众多优秀的人中间，你不再出众，不再是别人瞩目的焦点，不上不下的成绩，让你时不时表现得暴躁不安……”

为什么我这么努力，成绩还是一直在中等徘徊？

我是差生，我是学不好了！

难道我想要提升成绩就是在痴人说梦吗？

听着你歇斯底里的呼喊，望着你略显失望的眼神，父母的心很痛。

孩子，你想要优秀，想要出众，却总是不能如愿的心情，父母明白。但是，孩子，我想要告诉你，在你人生的道路上，可能会遇到很多的不如意，成绩不好或许只是其中之一。如果，在这小小的挫折面前，你就失去了继续坚持的信心，那么，你还怎么可能会有勇气去面对生活中更大的挑战？

听到我这样说，你或许会愤世嫉俗地反驳：“别人都认为我是差生，我也努力想要挣脱差生的行列，但是，无论我怎么努力，就是翻不了身，我还怎么坚持？怎么挑战？”

你的话听起来似乎全都在理，但如果你仔细想想，就会发现这样一个问题：不是别人先看不起你，而是你先给自己戴上了差生的帽子，先给自己贴上了“我不行”的标签。

自信是人前进的内在驱动力，如果你自己先否定自己，先瞧不起自己，那么你注定也是走不远的。

所以，我的孩子，当你在付出努力没有回报的时候，千万不要对自己灰心失望，或许，你只是方法不对，或许，只是你的努力不够……停下来，好好想一想，问题到底出在了哪里，相信，你会有意想不到的收获。

永远坚信自己是有前途的

曾经听过这样一句话：“只要自己不放弃，希望就会永远伴随你。”

一位取得显赫成就的男士，在给一群面临高考的孩子做演讲时，曾谈起自己这样一段经历：

刚刚升入高一的时候，我的成绩在班上勉强算中等。我知道，以我这个成绩想要在三年后考上一所好大学是绝对不可能的。所以，我要求自己一直不断地努力，可是，老天似乎总是和我作对，无论我怎么努力，成绩却一直提不上去……

为此，我也曾懊恼过、伤心过、失望过，也曾经想要放弃过，但是，一想到自己的抱负，一想到自己的理想，我又鼓起勇气坚持了下来，不断地找问题、找方法。

事实上，当我相信自己是有前途的，相信自己是能够取得成功时，我身体内仿佛一下子就充满了力量，促使自己继续坚持下去。

结果，也正像大家看到的那样，我最终实现了自己的抱负。

不错，只要你自己不放弃自己，这个世界上就没有人能够放弃你。

只要坚信自己是有前途的，那么你就是有前途的，就能在遭遇到困难和挫折的时候，矢志不渝地坚持下来，朝着自己设定的目标不懈地奋斗，并最终赢得让自己都感到震惊的成绩。

从学习方法入手，找找问题根源

有些时候，并不是你付出的努力不够，也不是你不够聪明，只是因为你学习的方法不对而已。

我就认识这样两个男孩：

上小学的时候，小斌和小轩都是班上的佼佼者，可是升入中学之后，两个人之间的差异就开始显现出来。

小斌根据中学的课程内容及时地调整了自己的学习方法，在学习的过程中也渐渐摸索出了一定的门道，学得很轻松，成绩也一直保持着优秀。

小轩升入中学之后，却仍然继续着小学阶段的学习方法，在学习的过程中渐渐感觉到吃力，成绩也慢慢落到了后面。小轩在努力一段时间不见成效后，渐渐变得无心向学、消极颓废起来。

从这两个男孩真实的经历中，你是不是已经发现一套科学的学习方法，对你的学习是多么重要呢？

“方法得当，事半功倍；方法不当，累死也白费。”这并不是谁拍着脑袋胡说出来的，而是被实践所证明过的。

所以，我的孩子，当你在学习的时候，也遇到了停滞不前的情况，看一看，是不是你的方法已经不再适应现阶段的学习，是不是你的方法会让你的学习效率大打折扣？从学习方法入手，找找问题的根源，也许，你就能体味到“柳暗花明又一村”的豁然开朗。

认真努力的态度，比100分更重要

这个世界上并不缺少聪明人，但是聪明人却不一定能够取得不俗的成绩。

这是为何？关键是态度是否端正。

一个聪明人如果没有端正的态度，即使他比别人聪明很多，也难以成就什么大事；相反，如果一个人不是很聪明，却能始终如一地保持认真努力的态度，那么，他想要赢得成功，只是时间早与晚的事。

这让我想起了《士兵突击》里的许三多：

许三多，一个农村的孩子，因为一个偶然的因素，进入了最为需要像成才那样聪颖灵巧的年轻人的部队。在部队的大熔炉里，许三多一步步走了过来，最终书写了属于他的传奇一笔。

每一个人的人生历程中，总有艰辛，关键取决于个人的态度：是认真努力，还是自暴自弃？选择不同，今后的发展道路自然也就不同。

学习，也是如此。你对学习持有认真努力的态度，就会在学习过程中主动总结经验教训，主动汲取知识。从这个意义上说：认真努力的态度，比100分更重要。

给你一些过来人的经验

只要你自己不放弃自己，这个世界上就没有人能够放弃你。

从学习方法入手，找找问题的根源，也许，你就能体味到“柳暗花明又一村”的豁然开朗。

7 责任不在父母，更不在老师

你的变化

“以前，你考不好，会躲在自己的房间里自责地哭泣，现在，你成绩不理想却开始给自己寻找各种借口；以前，你犯了错误，总害怕我们会责备你，现在，你犯了错误，却开始想着怎么推卸责任……”

前几天去朋友家做客，恰恰看到了这样一幕：

朋友气恼地对着正上初中的儿子训斥：“你看看你，又考这么几分，照这样下去，你还怎么能考上重点高中？”

朋友的儿子不以为然地瞅了朋友一眼：“这怎么能怪我，老师讲的东西我都听不懂，课下作业我都不会，你们也不管我，学不好不是我的错，都怪你们！”

听着朋友的儿子振振有词地为自己开脱，我想到了很多：学与不学，学得好与不好，是别人的事情吗？

其实，这个问题的答案，你心里很清楚：不是。

可是，你为什么还是要将责任推在别人的身上呢？

说到底，是你这个时期的自尊意识和叛逆思想在作怪。因为自尊，你不喜欢别人说自己是错的；因为叛逆，你几乎总是不假思索地就会对别人的话进行反驳，甚至有时候，你根本不会考虑说出的话是否合理。

孩子，这些我们都明白，父母体谅你，理解你，但是孩子，请你也为我们想一想。当你面对错误推卸责任的时候，我们心里会是什么滋味？父母担心、震怒，怕你今后成为一个没有担当的人。

你的年纪毕竟还小，如果你在这个行为习惯定型的关键时期，学会了推卸责任，没有担当责任的意识，那么，当你步入社会之后，就很难赢得别人的信任和喜爱。

所以，孩子，正视你自己的问题吧！不要总是把你自身的问题推卸到别人身上，父母和老师并不能时时刻刻伴着你，所有的问题，只能是靠你自己来解决。

学会承担属于自己的责任

曾看到过这样一个故事：

一个男孩学习成绩不好，总是被班上的同学嘲笑。当他受到嘲笑闷闷不乐的时候，就会深深怨恨自己的父母：为什么我的父母不是那么聪明？为什么我的父母不能在学习上帮我一把？为什么我的父母给我这么大的压力？

因为有这种思想，每次考试不如意后，他都会心安理得地去责怪自己的父母，这里没有帮到他，那里做得不够好，所以他才没有别人学得好……

结果，这个善于将责任推给父母的孩子，在中考的时候败下阵来。到这时，对着惨不忍睹的成绩，男孩依然毫无愧色地指责父母说，都是因为父母不聪明，所以，他不能取得好成绩。

父母不是天才，不可能什么事情都能帮得上你，尤其是在学习方面，父母更是不可能门门都精通，科科都在行，把全部希望都寄托在父母的身上，本身就是错误的。考不好，把责任归咎于父母不聪明，更是会让父母伤心。

父母给了你生命，把你养大成人，对你付出如此多的心血和希望，换来的却是你无礼的指责和埋怨，如果你站在父母的位置，你心里会怎么想？

孩子，你成绩不好，我们同样感到难过，你为什么不能把你遇到的问题温和地跟我们谈一谈？你为什么不去寻找真正的原因？

你在学习当中遇到了什么问题，父母没有想到的，你可以直言相告，但是请你一定不要埋怨我们，请你一定不要伤害父母对你的感情。

老师只是导师，不能代替你来学

和邻居一起聊天的时候，邻居唉声叹气地提起自己的儿子：

真不知道怎么说我家那个孩子好，要说他不聪明吧，确实有点儿冤枉了他，要说他聪明吧，他却总是不肯好好学。每次考不好，总会有一大堆借口，不是说老师讲得不清楚，就说老师对他有偏见不肯给他高分……

总而言之一句话，这孩子就是跟老师干上了，一切都是老师的错！你说这孩子怎么就是摆不正学习的态度呢！

你是不是常常也会存在这样的思想，认为自己成绩不好，是因为老师不够优秀，教得不好，是因为老师对自己有偏见不肯好好"照顾"自己？

如果是的话，我的孩子，我就必须告诉你：这种思想是非常危险的，是对自己的学习非常不负责任的。

俗话说："师父领进门，修行在个人。"老师在你的学习过程中，只是起到了一个导师的作用，他只是将你所要学习的内容告诉你，至于如何应用，则需要你自己不断摸索。你自己不肯好好努力，不能很好地将老师传授的知识消化掉，化为己用，也就难免会在学习的过程中遭遇失败。

明白了这些，孩子，请不要再继续抱怨老师如何不好，如何不优秀，试着去接纳老师的讲课方式，跟上老师的思路，没准你就会发现，你的老师讲课非常风趣呢！

做自己成绩的掌舵人

学习的过程就像比赛划船一样，你想快点儿，就得手勤一点儿，掌握一定的划船技巧。在这个过程中，你是主角，谁都不能替代你的位置。

父母和老师都在岸上，他们所能做的，也只是告诉你一些技巧，具体如何操作，关键还是要看你自己。

你的技巧应用娴熟，就能一路领先；你不懂得某些快速提升的技巧，就可能会被别人赶超。

所以，孩子，停止你的抱怨，试着去掌握一些学习技巧吧，当你应用这些技巧而使成绩突飞猛进时，就会从内心深处感到喜悦。

大体来说，这些学习的技巧有哪些呢？

比如说，提升自己学习效率的技巧：给自己设定一定的时间限制，在某个时间段要求自己必须做完什么；不要整晚看同一门科目，等等。

比如说，提升自己注意力的技巧：要求自己学习的时候不要做其他的事情或者想其他的事情；在做某事的时候为自己设定一个目标，向着目标前进而不被外界干扰。

比如说，巩固记忆的技巧：在每周对每门课程进行知识整理；不间断地对学习内容进行科学复习。

当然，学习技巧有很多，需要你在平时多用心，注意总结和积累。当你的技巧越积越多的时候，就能够体会到在学习当中驾轻就熟的快乐了。

给你一些过来人的经验

父母不是天才，不可能什么事情都帮得上你，尤其是在学习方面，把全部希望都寄托在父母的身上，本身就是错误的。

在学习的过程中，你是主角，谁都不能替代你的位置。

8 学习与未来的关系是怎样的

你的变化

“在小的时候，你的小脑袋里总是有许多奇思妙想，不断地为自己勾画着美好的未来，然而，随着你慢慢长大，思考的问题越来越多，你开始疑惑：学习到底是为了什么？学习好坏和今后发展有多大的关系？”

周末的一天，我去哥哥家办些事情，恰好看到正上初中的小侄子百无聊赖地在屋子里转悠，看他闲得无聊，我就随口问了一句：“你今天不用学习了吗？”

小侄子看了我一眼，嘟囔道：“谁见我都说让我学习，整天都是学习、学习，学习能给我带来什么，能让我以后过得更好吗？”

望着小侄子不耐烦的神色，我想到了很多。在你这个阶段，逻辑思维能力已经得到了极大的发展，你往往会对很多事情和现象产生疑问，涉及最多的就是学习，你常常会想“我为什么要学习”“学习能带给我什么”“我不学习又会怎么样”。

因为迷茫和困惑，你开始懈怠学习，你开始逃避学习，你开始变得懒散和放松，随着这一系列变化，你的学习成绩也开始变得摇摆不定。

看到你身上出现这样的状况，父母在感到担忧的同时也有一丝小小的惊喜。担忧的是，你在学习道路的关键阶段出现了这么大的起伏，我们害怕你会陷入迷茫和困惑无法自拔；惊喜的是，你能对学习和未来产生思考，这至少说明，你已经意识到学习和未来之间有着某种特殊的关系。

既然你想到了这一点，那么我们就很有必要深入地帮你分析一下，学习和未来之间到底有着怎样千丝万缕的联系。

学习带来知识，知识带给你自信

古语有云："腹有诗书气自华。"一个知识丰富、博学多才的人，往往能够在与人交往的过程中表现得更为自信。一个自信的人，将来行走于社会无疑就能拥有更多的机会和优势。

在一次教育研讨会上，有这样一个人给我留下了深刻的印象：

他是一所知名高校的资深教师，在做报告的过程中旁征博引，内容极富吸引力、说服力。在他做报告的过程中，整个会场没有一丝骚乱，全体参加会议的人都听得极其入神。一堂报告做完，很多人受益匪浅，被他丰富的知识储备所折服。

留心生活，你也会发现，在你的身边有那么一些人，他们总是能在言谈举止间，吸引别人的视线；也总是有那么一些人，轻描淡写中就能抓住问题的本质和要害。

如果真要问他们比别人强在了哪里，很多人常常又答不出来。

其实，他们强就强在他们懂得的知识比别人丰富，处理问题的经验比别人要多很多。

知识从何而来？学习当中来，不论是谁，不学习就想拥有满腹经纶都是不现实的。一些人仗着自己有些小聪明学一会儿就洋洋自得，是不可能积累下丰富知识的。

明白了这些，我的孩子，现在就开始行动起来，踏踏实实、认认真真地学习吧！当你积累下丰富而渊博的知识，当你自信地在众人面前口若悬河，你会发现这种感觉是多么的美妙！

学习带来能力，能力带来更好的未来

学习是促使你进步的一种有效途径。

当你懂得的知识越来越多的时候，你在学习、生活当中的问题和担心就会越少，进而就能够更加自信地去迎接生活中的种种挑战。

比如说，你对各类语言掌握得娴熟，就可以恰当地表达自己的思想，可以很好地跟别人沟通交流；比如说，实际生活中，你经常会遇到一些数学计算问题，如果没有一定的数学知识，想要轻松解决这些问题也是不大可能的；比如说，当你在电视上看到一些历史典故时，若是平时没有用心学习过历史的话，你可能就会对这些典故一无所知……

所以，学习不仅仅是为了应付升学和考试，更是对自身素养和能力的提升，是你今后更好地生活和融入社会的手段。

或许，你会记得父母经常在你耳边唠叨的这句话："只有现在好好学习，以后才能考上好大学，毕业之后才能找到好工作。"

虽然把考上好大学和找到好工作直接联系到一起有些绝对，但是，你却不能不承认这样一个事实：学历的高低，在某种程度上就决定着你走上社会后竞争力的强弱。

一位朋友对此可谓是深有体会：

儿子上学时总说自己很累，总嫌学习任务重，看着儿子整天没精打采的样子，我实在不忍心逼着他去学。

结果倒好，儿子自己对学习也是迷迷瞪瞪的，不知道到底为什么学。到最后，我实在看不下去了，就忍不住说了说他。谁知道他还振振有词，说什么学习不就是混个文凭吗，那么费劲儿干吗？

中学毕业的时候，儿子考得是出奇的差，连一所像样的大学都没考上。这种情况之下，儿子选择了就业。这一就业，儿子才着了慌，很多求职者都是本科学历，自己这高中毕业的学历，给人家投简历都没几家回复的。

朋友儿子的教训，是不是让你有所感悟？学习固然不是你发展自我的唯一出路，却是能让你生活得更好的捷径。拥有一张重量级的文凭，你就能在与他人的竞争中占据一定的优势，更有可能在竞争中胜出。

学习带来成熟，成熟带给你智慧

在和一位事业有成的朋友聊天时，我曾问过他这样一个问题："商场诡谲变幻，你是如何做到趋利避害，运筹帷幄的？"

这位朋友笑着说："其实，没有一个人是一开始就能赢得成功的。我能走到今天这一步，就是在实践过程中不断总结经验教训，不断学习，进而不断进步的结果。"

朋友的话，让我想到了很多，不管你年龄多大，不管你处于什么阶段，学习永远都是一把帮助你开启智慧之门的金钥匙。懂得学习的人，便不会在社会竞争的大潮中落伍；懂得学习的人，会在学习的过程中逐渐变得沉稳和成熟。

关于此，我想起我所熟识的一位男孩的故事：

小斌待人接物彬彬有礼，沉稳持重，在班上被老师委以重任。

很多学生家长都觉得很纳闷，同样是年龄相仿的孩子，为什么小斌就能如此优秀和突出。

在与小斌交谈的过程中，小斌不好意思地告诉我："刚开始的时候，我也是一个青涩不懂事的愣头青，干什么都不会考虑后果，经常做一些傻事。后来，在爸爸的影响之下，我开始看一些名人传记和古代文学类的典籍。在看书学习的过程中，我的性情得到了极大的陶冶，性格也在不知不觉间变得沉稳内敛起来……"

或许，对此你会觉得不可思议，觉得我有些夸大其词。其实，不是的。古往今来，很多能够成大事者，都是那些善于从学习中汲取智慧的人。

伟人毛泽东热爱学习、热爱读书的程度几乎无人能比。

他曾说：“我一生最大的爱好是读书。”“饭可以一日不吃，觉可以一日不睡，书不可以一日不读。”自少年时代起，毛泽东就善于挤时间来看书学习。长沙求学时期他勤学苦读，革命战争年代他利用战争空隙争分夺秒地研读，社会主义建设时期更加嗜读。中南海毛泽东的故居的书架上摆满了书，办公桌、饭桌、茶几上到处都是书，床上除躺卧的位置外也全都被书占领，连厕所里也摆放着书……毛泽东孜孜不倦地读书学习，是他成为伟人、做出丰功伟绩的先决条件之一。

说到这里，你是不是已经明白了学习对你来说，究竟有多重要了呢？我的孩子，我不期盼你能做出多大的丰功伟绩，我只希望你在未来的道路上能够多些成功的机会。好好学习，丰富自己的内涵，让这些内涵赋予你智慧，无疑就是你当前最紧迫的任务。

给你一些过来人的经验

古语有云：“腹有诗书气自华。”一个知识丰富、博学多才的人，往往能够在与人交往的过程中表现得更为自信。

学习不仅仅是为了应付升学和考试，更是为自身素养和能力的提升，是你更好地生活和融入社会的手段。

9 越是聪明，越得努力学习

你的变化

“仗着脑子聪明，你开始在学习上放松了对自己的要求，不好好听课，不认真完成老师布置的作业，不下功夫认真钻研……”

孩子，你聪明，反应快，父母很欣慰，但你仗着聪明就放松了对学习的要求，我们就不赞成了。你这样做，会栽跟头的。

现在许多孩子都很聪明，学习时反应很快，一学就会，有的还是电脑高手、打游戏机的专家，但学习成绩却并不突出。你再看看你的周围，那些成绩不行的人是不是都很聪明？

那么，聪明却学习不好，究竟是什么原因呢？原因很简单，就在于这些“聪明”的人普遍存在着这样一个“致命”弱点：自我感觉特别好，常常因为自己聪明，就认为不用学也能获得好成绩，殊不知，这样的想法反而害了自己。

我认识的一个男孩就是这样：

他很聪明，上课时一听就懂，正因为如此，他便以为学习内容很简单，不再专心听讲，所以当老师讲到关键的地方时，他的思想便常常抛锚，没有听到。当然了，老师是不可能每次都因为这种情况去重复一遍，时间一久，他就发现听不懂了，但为时已晚。

另外一个男孩曾这样对我说：

仗着自己聪明，我平时就不好好看书，想着到最后关头看看书就一切 OK 了，谁知道，想着取巧却不肯下功夫是不可能考得好成绩的，每次考试我都只能得个及格分。

所以，孩子，你很聪明固然很好，但千万不要想着取巧不肯下功夫。学习之事，靠取巧却不肯下功夫，只会让你一败涂地，而最明智的做法是：越是聪明，越得努力学习。

耍小聪明是愚笨的表现

什么是耍小聪明？就是自以为是的一种聪明。举个例子：数学老师出了一道题，全班只有你会做，你很是骄傲，以为自己聪明，但你每次的数学考试成绩却从没及格过，这时候，你的这种聪明就是小聪明。

从表面上看，你很聪明，其实你却是一个愚笨的人，因为你从来没有把自己的聪明发挥到最大限度，从来没有充分发掘出自己的巨大潜能。

聪明的人，更需不断学习

现实生活中往往存在着这样一类人：他们在小时候就显现出异常的天赋，比同龄人要聪明很多，常常被人冠之以“天才”、“神童”的称号，可奇怪的是，随着年龄的增长，他们却变笨了，远远不如同龄人。

这是为什么呢？有这样一个故事：

南朝时期有个人叫江淹，年轻的时候就成为了鼎鼎有名的文学家，他的诗和文章在当时获得了极高的评价。可是，当他年纪渐渐大了以后，就疏于了读书、练笔，于是他的文章不但没有以前写得好了，而且退步不少；他的诗写出来平淡无奇，而且有时提笔很久，依旧写不出一个字来，偶尔灵感来了，诗写出来了，但文句苦涩，内容平淡得一无可取。

类似于“江郎才尽”的故事，还有我们耳熟能详的《伤仲永》的故事，说的是一个叫仲永的“神童”，五岁便可指物作诗，可后天却因为不学习而沦落成一个资质平平的普通人。

无论是“江郎才尽”，还是伤仲永的故事，都告诉我们这样一个道理：聪明的头脑，是需要不断充实，不断学习的，如果中途不思进取，那么再聪明的人也会有才思枯竭的一天。

聪明＋努力认真的态度＝优秀

头脑聪明，学习起来固然轻松，但要想达到优秀，还要加上最重要的一点：努力认真的态度。

诺贝尔化学奖得主李远哲曾说过这样一句话：“你的态度决定你的高度。”的确是这样，就拿读书来说吧，如果态度正确，考取高分并非难事。

我曾听到过这样一次亲子对话：

家长：期中考试考了多少分？

孩子：60来分。

家长：你觉得你会做的题目有多少分？

孩子：差不多八九十分吧。

家长：会做的题目是八九十分，为什么只得了60来分？

孩子：粗心呗。

显而易见，这个孩子挺聪明的，但为什么考试结果却不理想呢？很简单，态度不认真。

很多孩子在分析考试失败原因的时候常常会这样说：“太可惜了，又犯了粗心的毛病，如果我态度认真一点儿就不会这样了。”

孩子，这样的话，你是否也曾说过呢？是的，如果凡事我们能够以一种努力认真的态度对待，那么结果往往就不一样了。和聪明相比，努力认真更重要，放眼周围你会发现，那些优秀的人，绝非最聪明，但却是最认真努力的。如果你也想像他们一样优秀，聪明的你，还必须具有努力认真的态度。

给你一些过来人的经验

聪明也是人生中和学业之路上的一大陷阱，稍不小心，就会深陷其中不能自拔。

要小聪明从表面上看得了利，实际上却是害了自己的愚笨表现。

聪明的头脑，是需要不断充实，不断学习的，如果中途不思进取断了学习，再聪明的人也会有才思枯竭的一天。

第三章

孩子，请坐下来和父母认真沟通一次

在交朋友的时候，一定要分清楚什么是有益的朋友，什么是有害的朋友。

把“攀比”停留在物质层面，那是低级的攀比，而在精神方面、学习方面比，才是“攀比”的最高境界。

衡量你将来是否有出息，有两个简单的标准：一是让亲人朋友提起你的时候，不要唉声叹气；另一个是你自己不对自己的过去感到懊恼。

1 暗恋不可避免，但要学会自控

你的变化

“一向对仪表不在意的你忽然变得爱美起来，你每天都要揽镜自照好几回，还要求我们为你添置时髦的衣服……种种迹象表明，你一定是暗恋上了某个女生。”

曾在一个男孩的日记本里看到这样一段文字：

我想我喜欢上了云，课上我的目光经常被她吸引，看她在做什么，有没有听课，和谁讲话；平时看到她跟异性说笑我会吃醋，会不高兴；在发呆或者其他私人的时间里，会想这个时候她在干什么；晚上常常失眠，搂着松软的棉被，我的脑海里全是她，她的一颦一笑，她的举手投足。

孩子，看了这个男孩的日记，你有什么想法？是不是在想怎么跟自己的经历一模一样？

其实我们在你平时的表现中也看出了一些端倪，自从进入青春期以后，你整个人发生了很大的变化。活泼好动的你开始变得沉默起来，回家后喜欢一个人躲在房间里，不太喜欢和我们交流；你突然变得很爱打扮，常对着镜子左顾右盼，还要求我们为你添置时髦的衣服……以过来人的经验，我们知道，你应该是喜欢上了某个女生。

事实上，对于正处于花季雨季的你来说，有喜欢的人是很正常的。你现在这个年纪，正是情窦初开之时，随着生理上的日益发育成熟，性意识的萌发，无论男孩女孩都会对异性产生好感和爱慕，希望与有好感的异性相互接近、了解、交往并结为朋友，这是非常正常的心理现象。

我们知道，当你陷入感情的漩涡时，你会很矛盾，每天都感觉备受煎熬，因为一方面你怕它会影响你的学习，另一方面你又渴望与她有更多的接触，甚至与她产生恋情。

孩子，作为父母，我们没有理由制止暗恋的发生，但我们还是要老生常谈一下："最初的爱是不成熟的，盲目的，也是多变的，过早进入恋爱阶段，对于你来说不是一件好事。"

有位作家说过，暗恋是一朵带刺的玫瑰，我们常常被它的芬芳所吸引，然而，一旦情不自禁地触摸，又常常被无情地刺伤。

总之，在这件事上，我们的观点是：暗恋不可避免，但要学会自控。

那么，如何学会自控呢？你不妨先理智思考这样三个问题。

她是我最好的选择吗，我的未来在哪里

孩子，在你准备付诸行动，将暗恋明朗化，也就是对对方告白之前，我们建议你先思考这样一个问题：她是我最好的选择吗，我的未来在哪里？

一个挥剑斩断情思的男孩曾这样对我说：

暗恋一个人真的很难受，每天远远地看着她，却不能近距离接近她；看着她对别的异性笑，心里恨得牙痒痒的，手里的拳头握得很紧，恨不得冲上去把那些男孩打一顿。备受一段时间的煎熬后，我决定勇敢地向她表白，让她只对我一个人笑。

可在走上去之前，我忽然怔住了，我在心里想：她是我最好的选择吗，我的未来在哪里？认真想了想，我的答案是：我不想一辈子呆在这个小地方，我想飞向更广阔的天空，我要学好英语，

到美国去。

当我对自己的未来有了一个清晰的了解时，我猛然惊醒了，我不能现在就谈恋爱，我的任务是好好学习。于是我决定了，不去向她表白。

孩子，你知道恋爱的终点是什么吗？是婚姻。而走进婚姻，就不得不考虑未来，比如说考虑以后在哪个地方生活，从事什么样的职业。现在的你，还在求学阶段，发展恋情，是不是早了些？过早发展恋情，往往很容易阻碍理想，这样做值得吗？我们希望你能认真思考一下再来做决定。

恋爱可以不影响学习成绩吗

恋爱可以不影响学习成绩吗？这样的情况基本上为零。

有个男孩这样对我说：

在决定与她在一起之后，我告诉自己，一定要做到“双赢”，做到恋爱、学习两不误，但我发现要真正做到这点真的很难。一天 24 小时，大部分时间我都在想她，看见她还好，看不见的时候就会胡思乱想，心里发慌。上课的时候总是精神恍惚，听不进课，课后也没心思认真写作业，因为想她，半个小时也看不下一页书。结果，我想象中的“双赢”根本就没做到，恋爱谈得马马虎虎，成天患得患失的，学习成绩也下降了一大截。

的确，要做到恋爱学习两不误是完全不可能的，恋爱的时候常常要把心分一些在对方身上，这样就不能一门心思学习，成绩怎能不受影响呢？所以，如果喜欢她，默默地把心中这份“喜欢”收藏在你的青春日记中就足够了，千万不要让它变质。

我和她恋爱，是害她还是爱她

我认识的一个中年男性，曾向我讲过这样一件让他后悔的事：

我念初中的时候，喜欢上了班上一个学习特别好的女生，为了能够和她在一起，我向她发起了猛烈的攻势，也许经不住我糖衣炮弹的轰炸，她答应了我的告白。我们俩在一起的时候非常快乐，上课时眉目传情，互递纸条，课下经常约会，用尽所有的时间腻在一起。可因为谈恋爱，她的学习成绩急转直下，由班级前几名滑到中下行列，中考没考上重点高中，高考又与大学失之交臂。

我们最终没有在一起，我考上大学后离开了家乡，而她几年后找了个人嫁了，听说现在过得并不如意。

我很后悔，我爱她，却害了她，如果不和我谈恋爱，她一定能考上好大学，拥有更美好的人生。

爱一个人，就要为她着想，如果你的这份爱给她带来的不是幸福，而是伤害，那么你还不如不爱上她。所以，在你决定与对方在一起之前，首先要考虑好这样一个问题：我和她谈恋爱，是害她还是爱她？

给你一些过来人的经验

暗恋是一朵带刺的玫瑰，我们常常被它的芬芳所吸引，然而，一旦情不自禁地触摸，又常常被无情地刺伤。

在你决定向对方告白之前，请先认真思考这样三个问题：她是我最好的选择吗，我的未来在哪里；恋爱可以不影响成绩吗；我和她恋爱，是害她还是爱她。

2 结交有益的朋友，摒弃有害的朋友

你的变化

“现在你回家的时间相较以前晚了很多，问你原因，你说和朋友在外面玩。你和我们交流的次数渐渐变少，有什么心事都是和朋友说，朋友来家里找你，你俩一聊能聊个天昏地暗，偶尔打电话一说一小时，QQ 好友里总有头像在闪，你能忙得顾不上吃饭。”

孩子，你是否觉察到这些了呢?

进入青春期之后，你的思想和情感开始转移，以前你依赖的是父母，现在转移到朋友身上。为了朋友，你可以在学校门口等候，可以和同学一起去网吧；为了朋友，你可以留在学校打球，甚至是去打架，不在乎回家晚了父母的脸色，即使招来父母的打骂也依然如此。

孩子，对于你身上的这些变化，父母虽然有点儿失落，但完全能理解，因为我们知道，朋友间的交往是青春期的一大心理需求。

事实上，每个孩子的成长过程中都需要友谊。从你进入幼儿园的那一天起，社会交往的范围就开始扩展，而随着年龄的增长，视野的拓宽以及接触社会面的增广，你对友谊的需求更加强烈，你渴望朋友的认同，需要朋友的支持与帮助。而且，细心的我们也发现了，你和同伴在一起玩的时候会玩得更快乐。

正因为如此，父母支持你交友。但我们又有点儿不放心，因

为这一阶段的你虽然具备了一定的理性思维能力，但在辨别是非方面还有所欠缺，也就是说你很可能会交到损友。

昨天从市场买菜回来的途中，碰到一个邻居，她告诉我她正在为上初中的儿子办理转校手续，当我询问她原因时，她是这样说的：

儿子自从上了初中以后，突然变了性格，买衣服非名牌不可，要不然就不穿，还说我们的观念老土。更要命的是，这孩子竟然抽起烟来，还经常逃课。经过一番调查，我找到了原因：这是儿子与一群社会上的“不良少年”交往所造成的。无奈之下，我们只好为儿子转校。

孩子，你年纪还小，对朋友的认识还不够全面，在你看来，交到的朋友都是好的，其实并非如此，朋友也有好坏之分，有的朋友能够给予你好的影响，而有的朋友却会害了你。邻居家的孩子之所以学坏，就是因为交上了坏朋友。

所以，为了防止你因受坏朋友影响而走上学坏的路，希望你能谨遵我们给你提出的这个交友要求：结交有益的朋友，摒弃有害的朋友。具体说来，一定要牢记以下这几个原则。

一定要分清楚什么是有益的朋友，什么是有害的朋友

箴言说：“铁磨铁，磨出刃来，朋友相感，也是如此。”这句话的大概意思是，正如一把铁刀能够将一把钝刃磨利，同样，与有益的朋友交往，他们可以“磨利”你的品格，使你成为一个优秀的人。而有害的朋友往往会把你带坏，使你走上学坏的道路。所在，在交友时，一定要分清楚什么是有益的朋友，什么是有害的朋友。

如何区分呢？《论语》上讲：有三种有益的朋友，有三种有害的朋友，有益的朋友即正直、诚实、博闻多识，有害的朋友就

是那些谄媚逢迎、见风使舵、花言巧语的人。具体而言，你可以参考以下这些标准：

有益的朋友通常会这样对你：

积极无害的事、犹豫不决之事、结果令你高兴的事，比如说当志愿者、参加辩论赛、阅读特定的书籍等，他们都会鼓励你去尝试。

有害、危险或有潜在负面影响的事，比如说抽烟、喝酒、吸毒、打架等，他们都会阻止你去做。

有害的朋友通常会这样对你：

他们会扔下胆小、窝囊、无能、扫兴这些词，刺激你去做让你感到不自在的事，比如说喝酒、抽烟、逃课、打架、吸毒，甚至可能要你违法。

通常情况下，你很难察觉你交的朋友到底有没有害，如果这样的话语经常从他们的口中传出来，你就要离他们远一些了：

一起去做，这很好玩，大家都去。

就试一次。

你是胆小鬼吗？

想成为内部成员（想进我们这个圈子），你就要……

别这么无聊！

你真不是个男人，除非你……

和我们一起必须喝酒。

就抽一根，不会成为烟鬼的。

试一次不会上瘾的。

逃课比学习有趣多了。

对值得交往的朋友，一定要做到主动接触

我认识的一个男孩，最近和一位刚结识的朋友断交了，至于

原因，他是这样解释的：

这个人太讨厌了，我向他说出一些自认得意的事，他却给我泼来一盆冷水；我向他描绘自己的满腹理想与计划，他却毫不留情地指出其中的问题，甚至不分青红皂白地把我做人做事的缺点数落一顿。

孩子，你是否有过这样的经历？如果你也像这个男孩一样，因为朋友经常批评你就与他断交了，那么我真为你感到惋惜。实际上，在交朋友时，那些经常批评你的人也是非常值得交往的。

与只说好话的朋友相比，经常给你提出批评意见的朋友似乎令人讨厌，但他们这样做却是真正为你好，你得意之时他给你泼冷水，是希望你能虚心一点儿，不要因为取得成绩就骄傲自满；他数落你做人做事的缺点，是希望你能改正缺点，使你成为一个更好的人……总而言之，如果你冷静思索一番就会发现，其实这类人大有可交的一面，如果错过了这样的朋友，那将非常可惜。

因此，在这种情形下，如果有人经常给你提出意见，而且这些逆耳之言都是事实，对你有利，你就应该主动与他接触，这样的人值得深交。

无数教训告诉我们，如果交上了好朋友将终生受益。朋友们的诤言忠告，能够让你避免误入歧途；朋友们的温暖慰藉，能够让你在逆境中重新奋起；朋友们的忠实诚信，能够让你享受到“人生知己”的幸福。反之，如果交上了坏朋友，则会贻害无穷。因此，对值得交往的朋友，一定要做到主动接触。

对不值得交往的朋友，躲得越远越好

所谓近墨者黑，朋友的友谊就像一个染缸，如果交上一个无益的朋友，你也很容易被感染。

我认识的一个男孩就是这样的：

他曾是一个特别乖的孩子，可自从升上初中以后，结交了一群校外的“不良少年”做朋友，因为经常和这些人混在一起，他学会了抽烟、喝酒，有一次还偷了邻居的自行车。

这种有不良嗜好的人，不值得你与之交往，事实上，对于这类人不仅不能交往，还要躲远点儿。

除了不好好学习之外，不值得交往的朋友还有很多，在前面我也提到过，这里就不再重复多言了。

给你一些过来人的经验

交上一个好的朋友，可以为自己的人生扬帆护航；交上一个坏的朋友，你的思想会慢慢地被他的思想所改变，使你逐渐走上一条不归路。

对值得交往的朋友，一定要做到主动接触，错过了将非常可惜。

对不值得交往的朋友，躲得越远越好，否则很容易被带坏。

3 和别人比什么

你的变化

“不知从什么时候起，你开始要求我们给你‘包装’了，鞋要穿耐克，包要阿迪，穿衣也要名牌，生日一定要请同学去必胜客。”

前几天下班回家时，我在路上遇到几个十几岁的学生，正结伴回家。

一个高个男孩说：“我的书包是‘阿迪达斯’的，300多元呢。”

他旁边一个胖胖的男孩马上指着自己的鞋子说：“我的‘耐克’500多元，够酷吧！”

“那有什么了不起的，我家有‘宝马’车，你有吗？”穿着连衣裙，骄傲得像公主一样的女孩得意地说。

另一个扎着辫子的女孩不甘示弱：“我家有300多平方米，明年我爸说要买幢大别墅呢。”

孩子，这样的场景，你是否有似曾相识的感觉呢？也许你没有这样想过、做过，但总有一些男孩是这样的。

孩子，对于你的这种攀比，父母深感忧虑。一方面它加重了我们的经济负担，你看中的“耐克”鞋，一双就七八百，这些钱，我们得辛苦工作多少天才能挣到；另一方面它容易让你分心，影响学业，养成奢侈攀比的习惯，这才是我们最担心的。

作为父母，我们不希望你被“攀比风”蒙蔽了双眼，如果你真想和别人攀比，那就比比别的，比如说品质、成绩。你要记住这样一点：不要把“攀比”停留在物质层面，那是低级的“攀比”，而应该在精神方面、学习方面“攀比”，这才是“攀比”的最高境界。

吃穿不要攀比

曾亲眼见过这样的母子对话：

儿子：我想买一套“耐克”的运动服，我们明天校运会。

妈妈：老师要求必须穿新买的运动服吗？而且必须是耐克的？

儿子：没有呀，只是大家都会穿名牌去参加的。要是我不穿，会被同学们笑话的。

妈妈：真的吗？

儿子：真的！大家都要在明天秀自己最好的衣服，我们有个同学还会穿从国外买回来的衣服去参加呢，你不知道我有多羡慕。

不妨对照自己想想，现实生活中的你是不是也这样要求过你的父母呢？

和吃穿最好的比，其实是一件很糟糕的事，它的弊端可不小。人的精力往往是有限的，如果你把更多精力放在吃穿上，就顾不上去做别的事情，比如说学习，如此一来，你的学习必将受到严重的影响。

这可一点儿也不夸张，你可以看看身边的那些人，学习好的是不是那些没有把精力放在吃穿上的人？我说的应该没错吧？

还是那句话，把“攀比”停留在物质层面，那是低级的攀比。如果将比较的心思放在学习、健身上，就会促进自己的进步，这才是正确的“攀比”。

优秀的品质、良好的成绩，要和最优秀的比

汉朝韩婴在《韩诗外传》一书中说：“高比，所以广德也；

下比，所以狭行也。比于善者，自进之阶；比于恶者，自退之原也。”翻译成白话是说，和德行比自己高的人比，会使自己德行增进；和德行不如自己的人相比，会使自己的德行减退。这无疑道出了“攀比”一词的精髓，也就是说，攀比是有方向的，在攀比的时候方向一定要正确，这样才对自己最有利。

一个男孩最近进步很快，问其秘诀，他这样坦言：

我经常拿自己和品质优秀、成绩良好的人比，在比较的过程中，我会问自己这样一个问题：他们比我优秀在哪儿。有的人性格较为开朗，有的人乐于助人，有的人大方自信，有的人在学习的过程中善于做总结……这样一比较，我就知道我差在哪里了，也就知道该怎么去改进。

这个男孩的“攀比”行为就值得你去学习，这样的比才是“攀比”的最高境界。你不妨学学他，多和品质优秀、成绩良好的人比，常常想想：他比我优秀在哪儿？

给你一些过来人的经验

把“攀比”停留在物质层面，那是低级的比，而在精神方面、学习方面比，才是“攀比”的最高境界。

吃穿不要攀比，品质和成绩则应该和最优秀的比。

4 关于将来是否有出息

你的变化

“为你担忧的我们常常忍不住对你说：‘为了将来，你应该……’而你却反感我们这样的话，还振振有词地回答我们：‘别管我，将来我有没有出息是我的事。’”

这是发生在青春期男孩高洋家的一个故事：

一天晚上，高洋正在看韩寒的《三重门》，边看边喝彩。爸爸感到很奇怪，儿子今天怎么这么激动，他平日看书总是悄无声息的。于是，爸爸便问高洋：“有什么值得喝彩的？说出来让爸爸见识见识。”

高洋便把韩寒那种叛逆精神讲给爸爸听，爸爸听后却不以为然，有点儿不高兴地说：“以后不要再看这样的书了，这会影响你学习的积极性，你还是好好上你的课吧，这样将来才会有出息。”

“韩寒的学习不好，可是你看他现在多有出息啊！做自己喜爱的工作，还玩赛车，这也是我向往的生活。”高洋接过话茬，兴奋地说。

“韩寒这样的是极少数，你看看有几个有出息的人是韩寒这样的啊？别学他的什么叛逆精神，对你一点儿好处都没有。”爸爸严厉地说。

“跟你也说不明白，反正我就爱看他写的文章。再说了，将来有没有出息是我自己的事，你们别管我。”说完，高洋走进了自己的房间，继续看《三重门》去了，留下一脸愕然的爸爸独自在客厅坐着。

其实，作为父母，我们和高洋的爸爸一样，最关心和焦虑的问题就是你将来是否有出息，我们对你寄予了很大的期望，期望你在未来能够展翅高飞，做一个有出息的人。

正因为如此，每当看到你悠哉乐哉地看起闲书时，每当看到你不吃不喝在游戏中厮杀时，每当看到你为了玩乐天都黑了才着家时……我们总是忍不住对你耳提面命：“为了未来，你应当早点儿回家、少打游戏、少看闲书……”而这时，你往往就像高洋一样，常常对我们这样喊：“我将来有没有出息是我自己的事，不用你们管。”

孩子，听到这样的话，父母尽管有些伤心，但必须承认，你说的是事实——父母当然希望你是有出息的，但究竟未来的路怎么走，还需要你自己来决定。

只是孩子，父母还是不放心，你现在还不具备成熟的思考能力，我们怕你现在做的决定最终离有出息越来越远。因此，为了防止你走错路，我们从成人的角度，给你提出两个判定是否有出息的标准，你可以按照这两个标准来决定有些事到底要不要做。当然了，这两个标准很简单，要求并不高。

让亲人朋友提起你的时候，不要唉声叹气

生活中，每当提起一个人的时候，他的亲人朋友往往会出现这样两种态度：

态度一：唉声叹气。

这孩子，从小就不让人省心，现在都快步入而立之年了，还一点儿出息都没有，媳妇没着落，工作也马马虎虎，成天就是混

日子，让别人替他操心，唉！

态度二：感到骄傲。

这孩子啊，没得说，从小听话懂事，愣是没让人操过心，现在出息可大了，小学毕业考上重点初中，然后进重点高中、重点大学，念完本科念硕士，接着再念了博士，现在在大洋彼岸的美国从事研究工作，娶了媳妇生了孩子，有车有房，事业有成，生活美满，幸福得不得了。

孩子，如果让你选择，你愿意听到哪一种评价呢？不用想也知道，你肯定不希望第一种结果在你身上出现。

是的，我们每个人都不希望从亲人朋友口中听到他们对自己的负面评价，我们渴望听到的是正面、肯定的话语。既然如此，你现在在决定做任何事的时候，都要以这样一个标准来要求自己：让亲人朋友提起你的时候，就算不是一副骄傲的神情，但最起码不是唉声叹气。

让自己不对自己的过去感到懊恼

生活中，这样的话我们经常听到：

如果当初我少打点儿游戏，就不会连高中都考不上，也就不会这么早就进社会吃尽苦头。

如果我当初多看点儿书，不那么贪玩，今天就不会如此没出息。

如果当初我没学会抽烟、喝酒就好了，那样就不会耽误我的学习，也不会让我走上学坏的路。

很多人都喜欢说“如果”，常常把“如果……就……”挂在嘴边，其实这只不过自欺欺人罢了。世界上根本就没有“如果”，如果有，很多事情就能够重新来过，“后悔”两字就从此淡出于文字。然而，现实却是，很多事情过去就过去了，不管是好事还是坏事都无法重新再来过，而“后悔”两字依然存在于文字之中。

我身边的一个男士经常唉声叹气：

马上就要奔三了，我还一事无成，事业、家庭对于我来说，都是那么的虚无缥缈，可这一切又能怨谁呢，要怨就怨我自己。如果中学的时候好好学习，不忙着谈恋爱，不去做抽烟、喝酒、逃课、打架之类的事，不整天沉迷于网络游戏，我一定能考上好的大学，毕业后找到一份好的工作。我很后悔，如果能够回到过去，我一定不像以前那样。

孩子，如果你不想让自己的未来像这些人一样成天在唉声叹气、无尽的后悔中度过，那么你现在做任何事，下任何决心，就必须以这样一个标准来要求自己：让自己不对自己的过去感到懊恼，你必须保证现在做的每一个选择都是正确的。

给你一些过来人的经验

我们期望你将来做一个有出息的人，但能否做到，决定权在你而不在我们。

衡量你将来是否有出息，有两个简单的标准：一是让亲人朋友提起你的时候，不要唉声叹气；另一个是让自己不对过去感到懊恼。

5 和父母说实话

你的变化

“当你一天天长大，我们心痛地发现你越大越爱说谎，先是隐瞒考试成绩，甚至篡改成绩，然后声称去同学家复习功课，结果却和同学一起去玩网游……”

孩子，不知道你自己觉察到了没有，进入青春期的你，开始学会了用谎言来对待我们：

放学后回家晚了，你说帮助同学补习功课去了；

想要买漫画书，你说学校要交什么什么费；

你说去学校上晚自习，其实你和朋友进了网吧；

考试结果出来了，因为不理想，你说考试成绩还没有出来，或者是考得还可以，再或者是对分数进行了篡改；

对于被撕破的衣服，身上出现的伤痕，你说是不小心摔跤导致的，其实真实的情况是你和朋友出去打架了。

进入青春期以后，大多数人都会像变了个人似的，不再像小时候那样叽叽喳喳什么事都跟父母讲，而是变得沉默寡言，不愿意让父母知道关于自己的事，于是面对父母的盘问，谎话一次又一次脱口而出了。

但是孩子，你要知道，说谎是一种不好的行为。全天下没有哪一对父母愿意看到自己的孩子成为说谎家，我们能理解你，但也希望你能理解我们，不要再对父母说谎，和父母说实话好吗？

谎言有善恶之分，但无大小之别

我曾和一些青春期孩子进行过交流，提到为什么要对父母说谎，他们是这样告诉我的：

有一次我和同学约好了周末去野营，可我没对父母说实话，我告诉他们的是去给同学过生日，晚上就不回家住了。其实我也不想这样，可为了不让他们担心，只好说谎了，书上也说了这叫“善意的谎言”、“美丽的谎言”，我觉得我这样做并没有错。

孩子，让我们来猜猜看，你对父母说谎的初衷是不是为了不让父母担心？

的确，有的人在说谎的时候，是出于善意的，完全是为对方着想。但是，你有没有想过，这种善意的谎言说多了，会让说谎成为一种习惯，会让你觉得说谎并非坏事，会让你产生“说谎是一种智慧”的错误认知。如此一来，你便习惯了用谎言去应对父母的盘问，做什么事情都瞒着父母。

一个男孩就曾吃过这方面的亏：

他上初中时，瞒着父母和一些在社会上混的人交上了朋友，加入了一个“混混儿”组织。有一次，其中一个朋友被别的帮派的人欺负，他们决定替朋友报仇。为了不让父母担心，他告诉父母说去学校上晚自习。那个晚上，双方火拼得很激烈，最后他因受伤被送到了医院。父母赶到医院看到他，禁不住老泪纵横。而祸不单行的是，因为他参与了聚众斗殴事件，被学校开除了。

孩子，如果受伤的人是你，你愿意看着你的父母为你伤心流泪吗？你愿意被学校开除，给自己的人生增添不光彩的一笔吗？不妨想一想，在这个事例中，如果这个男孩没有说谎，而是对父母说了实话，结果会如何呢？他的父母一定会阻止他，那样就没有后面的不幸事情发生了。

孩子，你选择对父母说谎，在一定的情况下，我们允许你这样做，但你在说谎的时候，得衡量事情的后果，小事撒谎也有隐患，大事往往就变成恶意的欺骗了，千万不要把不想让父母担心变成让父母更加担心。

千万不要让说谎成为一种习惯

习惯说谎的人，往往会不由自主地说谎，即便没必要说谎的事情，也会不自觉地将谎言脱口而出。这是一种很不好的习惯。我的一个朋友，就是这样的人：

打电话问他："干吗呢？"他随口就会说："和几个亲戚玩牌呢。"可随后一个人又打电话问他，他又说："和几个朋友在钓鱼。"结果，他身边的朋友越来越少。

可见，习惯性说谎，最后往往害了自己。将说谎当成一种习惯，你就要为你的谎言付出代价，身边的亲人、朋友会慢慢地远离你，因为没有人会喜欢说谎的人。

所以，孩子，你要记住这样一点：**千万不要让说谎成为一种习惯，这样你才能在交际中赢得他人的尊重认同，拥有良好的人缘。**

给你一些过来人的经验

说谎是一种不好的行为，最好还是实话实说。

每个人都会说谎，但千万不要让说谎成为一种习惯。

6 脾气大，但要学会控制

你的变化

“现在不知道怎么了，你变得特别容易发火，总不能控制自己的情绪，喜欢生气，不是生别人的气，就是生自己的气。”

孩子，面对你的这些坏情绪，父母会觉得头痛，可父母不会怪你，因为我们知道，“脾气变得暴躁”是你进入青春期后的一种正常反应。在这一时期，你要经历很多变化，身体开始出现第二性特征，并且逐渐明显起来；体内过多性激素的分泌，使得你突然对异性产生好感，想引起异性的注意……这些变化使得你一时之间无法接受，于是便转化成暴躁的情绪表现出来。

可是孩子，虽说你的这一切行为都是正常的，可你必须记住这样一点：脾气可以发，但不能乱发，因为会很伤人。

曾在网上看到过这样一个故事：

有一个男孩，脾气很坏。于是父亲给了他一袋钉子，并且告诉他，每当他发脾气的时候就钉一根钉子在后院的围栏上。一周后，围栏上果然钉下了许多钉子。有一天，父亲指着围栏上的钉子说：“孩子，你看到自己的坏脾气了吗？”男孩不好意思地低下了头。父亲又说：“从现在开始，如果你一天不发脾气，你就从围栏上拔出一根钉子。”一天天过去了，最后男孩告诉父亲，他终于把所有钉子给拔出来了。

父亲拉着他的手，来到后院说：“你做得很好，我的好孩子，但是看看那些围栏上的洞。这些围栏将永远不可能回复到从前的样子。你生气的时候说的话就像这些钉子一样，会在他人的心中留下疤痕。如果你伤害了别人，不管你说了多少次对不起，那个伤口都将永远存在。话语的伤痛就像真实的伤痛一样令人无法忍受。”

孩子，你看到了吧，把自己的怒气发泄在别人身上，会给别人的心灵带来多大的伤害。千万不要再这样做了，别人没有义务承受你的怒气，脾气大可以理解，但要学会自控。

那么，如何控制自己的脾气呢？

在开口前，先让舌头在嘴里转十个圈

怎样才能控制自己的坏脾气呢？我认识的一个男孩是这样做的：

每当我的怒气开始从体内往上升时，我就强迫自己不要说话，如果实在憋不住想开口，我就在开口前，先让舌头在嘴里转十个圈，并三思：发怒有无道理？发怒后有何后果？有其他的方法可以替代吗？当我这样做以后，我发现自己已经将怒气摧毁在了萌芽阶段，我变冷静了许多，情绪也稳定了下来，愤怒也随之减弱了。

“在开口前，先让舌头在嘴里转十个圈”，这是俄国文学家屠格涅夫劝阻情绪容易激动的人采取的最好办法。所以当你意识到自己的怒火已经开始燃烧时，可以仿效这个男孩的做法。

想要发脾气的时候，就去运动吧

不记得从哪里看到过这样一个故事：

有一个年长者，一生气的时候就喜欢绕着自己的房子跑几个来回，哪怕累得气喘吁吁，汗流浃背。

他的孙子不解，问他：“爷爷，您生气时就绕着房子跑，这里面有什么秘密？”

他对孙子说：“年轻时，一和人吵架、争论时，我就绕着自己的房子跑。我边跑边想：自己的房子这么小，哪有时间和精力去跟别人生气呢？一想到这里，我的气就消了，也就有了更多的时间和精力来工作和学习了。”

孙子又问：“爷爷，有了大房子后，您为什么还要绕着房子跑呢？”

他笑着说：“边跑我就边想：我房子这么大，又何必和人计较呢？一想到这里我的气也就消了。”

孩子，看了这个故事，你从里面学到控制脾气的绝招没有？没错，想要发脾气的时候，就去运动。

的确，体育锻炼能很好地释放情绪。当你遇上不顺心的事情，不妨先抛开一切，去打一场篮球、游泳或跑步，让自己的心情在汗流浃背中得到释放和解脱。

给你一些过来人的经验

脾气可以发，但不能乱发，因为会很伤人。

在开口前，不妨先让舌头在嘴里转十个圈。

遇上不顺心的事情时，不妨先抛开一切，去运动一下，让自己的心情在汗流浃背中得到释放和解脱。

7 自私，很伤人

你的变化

“许多事情，你往往只考虑自己，以自己的利益为先，却从来不顾及别人的感受，比如冰箱里有你爱吃的，你会一个人全部吃光，从不给父母留一点儿。”

我曾亲眼目睹过这样一幕场景：

一个男孩在家里和爸爸一起看电视，忽然转过头对爸爸说：“爸爸，把你的坐垫给我用用，我冷得很！”

想想看，听到这样的话，爸爸怎么想？爸爸难道不冷吗？他冷的可不仅仅是身体，还有心。孩子，你不可以这样自私。

什么是自私呢？自私实际上很好解释，就是一事当前，只为自己考虑，不为别人着想，一言一行都是围绕着个人的好恶和利益，从不顾及他人的利益和感受。

现实生活中，自私的男孩并不少见：

全家人一起吃饭的时候，他总是将喜欢吃的菜往自己面前放；

整理物品时，他只把自己的东西整理好；

全家人一起看电视时，一晚上他都拿着遥控器点击自己喜欢看的电视节目；

好朋友的成绩没有他好，每次有不懂的地方来问他时，他却不想告诉好朋友，害怕好朋友超过他；

在汽车上，上来一位老奶奶，售票员阿姨高喊：“请大家给老人让个座！”这一切，他视而不见，心想：我才不想让座呢，路那么远，我也很累。

也许你也曾有过这样的经历，并且也不觉得这样做有什么不好，甚至还有着几分的理所应当，但凡事不能只看眼前，而应看到其后果。自私虽然不是什么大毛病，但最终却会造成这样一个不良后果：自私的人，没有人愿意和他打交道。

一位妈妈曾苦恼地对我说：

我儿子学习成绩很好，但在学校里却不受同学们欢迎，调换座位的时候没有一个人愿意和他同桌，分组讨论时也没有人愿意和他分到一组。

如果你仔细观察的话，应该会发现这样一个现象：班里总有同学比较孤独，总有同学和其他同学玩不到一块。

这是为什么呢？其实这个问题的答案，你心里已经很清楚了，这些人都太自私。

每一个生活在社会中的人，都免不了要和周围的人交往，如果一个人不顾及他人的利益和感受，凡事只为自己打算，这样就会让人觉得你很自私。在这种情况下，即使你有才能，别人也不稀罕，不愿与你交往，表面上看你占了上风，实际上你给自己设置了障碍，增加了交往的困难。

所以，孩子，从现在开始，你一定要将自私之心驱除掉，多想想别人，不要因它而为你的一生埋下失败的种子。

如何驱除自私之心呢？这是我们多年总结出来的两种方法，或许能为你提供帮助。

时刻想想他人的需要

你和朋友一同出去玩，都口渴了，只有一瓶水，你是会自己喝完，还是与朋友分享呢？如果选择前者，估计这个朋友会远离你；如果选择后者，你的朋友会越来越多。

这是为什么呢？下面通过我认识的两个男孩的对比来说明这一问题：

男孩王宇和贾南是同班同学，但在为人处世上，两人却大相径庭。

王宇在班上总是乐于助人，每当别人遇到困难时，他都会主动迎上去，伸出援助之手，比如说给生病的同学补课，帮女生干体力活等。

贾南则从来只想着自己，看不到别人的需要，比如和好朋友去爬山，到了山顶，大家都筋疲力尽了，贾南忽然看到一个石凳，走过去一屁股就坐下，看不到朋友们其实也很累了。

而不同的为人处世方式也造成了不同的结果，王宇很受朋友的欢迎，他的朋友很多，而贾南呢，朋友一个个离他而去，大家都不愿意搭理他。

为什么会出现这样的结果呢？两人的朋友是这样说的：

王宇太像个男子汉了，总是不断地给予我们帮助，而贾南则恰恰相反，他很自私，心里只有他自己，别人的事与他无关，像他这样的人，我们才不愿意和他做朋友呢。

孩子，你现在明白了吧，一个能时刻想着他人需要的人更容易赢得别人的好感，而一个只想着自己，却不顾别人需要的人，没有人愿意与他交往。

父母希望你记住这样一点：**你有某种需要的时候，别人一定也有**。因此从现在起，你要学会发现自己可以付出什么，自己的父母、同学和老师等人都需要什么，然后尽自己的力量付出爱心，付出行动。天气冷了，说句关心的话“你应该加件衣服了”；给口渴的人送上一杯水……这些并不难，却会让对方感到很温暖，而且，当你这样做了以后，你会发现，付出是那么令人愉快。

对爱你的人，也要回馈一些爱

孩子，你曾做过这些事吗？

爸爸下班回来的时候，跑过去接过他的公文包，给他递去拖鞋；

妈妈洗完衣服从卫生间出来的时候，递给她一杯水；

爷爷早上起床的时候，为他读读报；

奶奶从市场买菜回来，接过菜篮子，并帮她捶捶背。

如果你没做过这些，你就会听到父母的叹息，看到祖父母对你失望地摇摇头；如果你做过这些，你会看到更多笑容，收到大家更多的爱，也许是爷爷在吃饭的时候给你夹了一个鸡腿，也许是妈妈对你的一句夸赞，也许是……

孩子，你要知道，爱不是单方面的给予，而是有来有往，多关心别人一些，别人才会更关心你一些，即便是你的父母也是如此。对爱你的人，回馈一些你的爱吧！

给你一些过来人的经验

时刻想着别人的需要，多为别人付出一些，会让对方感到很温暖，而且当你这样做了之后，你会发现，付出是那么令人愉快。

爱不是单方面的给予，而是有来有往。

8 靠别人不如靠自己

你的变化

“你所有的事，都要我们包办替代，每天上学穿的衣服要给你准备好，叠被、整理房间、洗衣服都要我们来完成，甚至写作业、温书等学习上的事，只要我们不催促你就不去做。”

我的一位同事，去年她儿子考上了北京的一所名牌大学，这几天，当我问起她儿子的情况时，她唉声叹气了很久，还一直说很后悔，当初不应该那样教育孩子，现在她尝到苦果了。这是怎么一回事呢？事情原来是这样的：

她的儿子一直被公认是一个优秀的孩子。为了让孩子能够集中精力学习，她操尽了心，除了学习以外的任何事情，她都会代替儿子去干。吃饭时，她会及时把饭端到儿子的手边；衣服脏了，当然也是她的事；笔记本用没了，也是她亲自去买。到了高中毕业，她儿子连自己的袜子都未曾洗过。

高中毕业后，她儿子以高分考取了北京某名牌大学，她高兴极了。然而大学生活开始不久，她儿子就遇到了许多困难：不会买饭，不会洗衣，甚至经常找不到上课的教室，也不知道该如何和同学相处。

虽然好心的同学也在不断地帮助她儿子，但还是难以解决他的适应问题，无奈之下，她只好同意儿子提出的休学申请。

其实，现实生活中，类似这样的例子有很多，从媒体上我们也看到过许多此类的报道：有的人上了大学，生活还不能自理，需要母亲陪读；有的大学毕业了还要父母陪同去参加招聘会；进单位工作了，又不会处理人际关系，不能应付突发事件。

孩子，看到这一幕幕，你是怎么想的呢？作为父母，我们打心眼儿里不愿意看到在你身上出现这种结果，我们不想当陪读父母，不想陪你去参加招聘会，更不想你走进社会后在单位受挫。

有位名人曾经说过，断不了奶的婴儿，离开了母亲就会饿死；依赖成性的人，失去了依靠就只能躺在地上。

所以，孩子，你该学着独立了，不要再依赖父母这把保护伞，不要再躲在父母的羽翼下坐享其成，不要再以依赖父母为荣，你要知道，总有一天你要独自去飞翔，要离开父母，自己独当一面，父母不可能永远把你拴在身边，陪着你过一辈子。

清代画家郑板桥曾经说过：“滴自己的汗，吃自己的饭，自己的事自己干，靠天靠地靠祖上不算是好汉。”这虽然算不上是为人处世的金科玉律，但却阐释了一个铁律：**千靠万靠，不如自靠——天地万物之间，最能依靠的人是你自己。**

生活上——自己的事情自己做

作为父母，我们和普天下的父母一样，希望孩子离开自己的帮助之后，不会感到手足无措，缺乏主见。所以，在成长的过程中，我们希望你能形成这样一种意识：自己的事情自己做。

一个已经不再依赖父母，学会自立的男孩曾这样对我说：

“自己的事情自己做！”这是我上小学开始，爸爸一直挂在嘴边的话。以前我听了这话总是暗暗地责备爸爸：“别人的爸爸妈妈一直把孩子像宝贝一样对待，你们却什么事都让我自己做。”到后来我才明白，爸爸这样做都是为了我好。

我初中上的是寄宿学校，在这三年里，我发现自己的独立能力要比其他同学强，比他们更具有很多优势。他们每个星期都是把衣服打包好，周末带回家让妈妈洗，隔三差五还要父母来探望。而我呢，衣服早就学会了自己洗，没什么大事，也从来不需要父母来学校看我。

正因为如此，平时我总会听到他们的父母对他们抱怨："瞧你现在这个样子，连生活起居都还要我们操心，将来该怎么办啊，真是令人担心！"而这样的话，父母从未对我说过。

孩子，你是否也能像这个男孩一样，不用父母为你的现在乃至将来担忧，不用为你的生活起居操心呢？我们相信你可以的。那么，从即刻起，你就学着自己的事自己做吧。

学习上——自动自发

什么是自动自发？自动自发，就是在没有父母催促你学习的情况下，能自觉而且出色地做好自己的事情。

我每次看到赶马车的场面，都会为马感到悲哀，它是如此的被动，主人在后面用鞭子抽一下，它就往前挪一步，如果主人没有扬鞭，它就站着不动。由此我联想到你学习的情景，父母催促你学习不就和赶马车一样吗，父母在后边不停地催促你，你就会学习，倘若不催促，你就不知道主动去学。我们为马感到悲哀，对你又何尝不是这样，你这种被动状态下的学习，是很难真正进步的。

然而，人又和动物不一样，马若没有主人在后面扬鞭，就不会自动自发往前走，你却可以自动自发地学习。这就是人比动物更高级的地方，人能够凭借自己的努力去获取成功。正如美国教育学家哈伯德所说："没有人能保证你成功，只有你自己；没有人能阻扰你成功，只有你自己。"

如果你想在学习上取得进步，那么从现在起，就培养自己自动自发的习惯吧，不要让父母来催促你，主动完成老师布置的作业，主动多做一些课外练习，积极复习过去的课程，预习前面的内容。

给你一些过来人的经验

靠别人是一时的，只有靠自己才是永远的。

自己的事情自己做，这样才能培养你的动手能力和独立自主的精神。

学习的质量由主动性来决定，而主动学习与否，完全取决于你自己。

9 生活其实挺“有劲”的

你的变化

“不知道从什么时候开始，你总是那么无精打采，似乎什么事情都不能引起你的兴趣；不知道从什么时候开始，你的嘴边开始挂着‘真没劲！’这样的口头禅……”

曾听到过一群青春期的孩子这样抱怨：

生活真是没劲，上课没劲、吃饭没劲、和别人相处也没劲；

唉！我也是干什么都没有精神，总觉得干什么都不能引起我的兴趣；

为什么生活中让我感到有意思的事这么少呢，一点儿新意都没有！

听到这些孩子的话时，我是真不知道该说些什么好。小小的年纪、大好的青春，不去体味生活中的美好，反而对生活有如此悲观失望的情绪，我真不敢想象，如果他们不改变这种现状，今后的生活会是什么样子？

或许，你对此会不以为然，认为我有些大惊小怪，觉得自己在青春期这个阶段会对什么都不感兴趣、觉得做什么都没劲很正常。

其实不是的，我的孩子，你觉得生活没劲，对什么都不感兴趣，在某种程度上至少说明了这样三个问题：

首先，说明你不能很好地体味生活——生活中的那些快乐哪里去了，幸福哪里去了？少了品味生活的能力，人生也就多了几分苦涩，少了几分甜蜜。

其次，说明你的人生没有方向——没有人生方向的人，就像是生活中那些左顾右盼的人一样，尽管人生的路是四通八达的，但他们却总感觉到了死胡同，无路可走。

最后，说明你不懂得追寻人生的意义——人生的意义有很多，为了理想、为了未来、为了实现自身的价值……但没劲的感觉却最终会让你一无所有。

父母真的为你非常担心，不懂得这些，你今后的生活状态会如何。就是因为觉得生活没劲对你有这样重大的影响，我的孩子，当你觉得生活没劲的时候，你就非常有必要从下面三点来给自己找点劲儿：

为什么你会感觉没劲

记得有这样一句话："生活中不是缺少美丽，而是缺少发现。"其实，这道理用在现在的你身上也非常恰当。**你之所以会感觉生活没劲，不是因为生活真的没劲，而是因为你生活得太幸福，以至于感知生活美好的能力慢慢变得麻木了，以至于你不懂得体味生活，不懂得发现生活中的乐趣。**

其实，只要你用心，生活中能够让你感到有意思的事情有很多。

比如说，你放学回家，父母为你准备了你最爱吃的饺子；比如说，在课堂上，老师讲解了一个你很长时间没有弄明白的知识点；比如说，和朋友之间的误会，因为你主动开口说了一句话而得到了冰释……

细心体会生活的点点滴滴，你就能发现生活的乐趣所在。

感觉没劲的时候，去干些体力活吧

我认识这样一位 13 岁男孩，每次看见他的时候，他总是一副精力充沛的样子，为此我很是纳闷：在很多同龄人嘟囔着没劲的时候，他怎么对生活总是充满了激情呢？

在和男孩聊天的过程中，男孩神秘兮兮地告诉我：

其实，我也有感觉没劲的时候，只是别人感觉没劲的时候，大多会选择睡觉或者玩电子游戏来逃避，结果，他们越来越感觉没劲。

与别人不同，我在感觉到没劲的时候，常常会选择干一些体力活，让自己的注意力进行转移。

就像上周末的时候，我一个人在家觉得非常没劲，然后我就给自己找了点儿事做——收拾屋子。

当我将地板拖得干干净净，将书橱整理得整整齐齐，将屋里的东西都擦得铮亮的时候，浓浓的成就感就填满了我的心。生活一下子就美好了很多！

这位男孩的经验是不是能给你一定的启示呢？如果你觉得没劲，如果你对做什么都提不起兴致，干点体力活吧！或者，你可以给花圃除除草；或者，你可以帮妈妈洗洗碗、切切菜……在你动手和流汗的过程中，你就会体味到一种从未有过的成就感，就能感受到生活的美好和快乐。

感觉没劲的时候，做点儿挑战自我的事儿

如果我问你，“你为什么会感觉没劲？”

相信你会这样回答我：“生活太平淡！”

对于你们这个年龄来说，经历的事情还太少，或许真的是生活中能够引起你们激动和兴奋的事情太少，太过平淡，才会让你生出“生活没劲”的想法。

如果真是这样，那么你不妨做一点儿挑战自我的事儿，让生活不平淡：

为自己设置几道难题，要求自己今天必须解决它们；

约上几个伙伴一起去“征服”一座高山；

要求自己去参加一些知识类竞赛。

在挑战自我的过程中，内心的潜能得到极大的激发，你也就能对生活重新充满信心和征服的力量。

给你一些过来人的经验

你之所以会感觉生活没劲，不是因为生活真的没劲，而是因为你生活得太幸福，以至于感知生活美好的能力慢慢变得麻木了。

在动手和流汗的过程中，在挑战自我的过程中，你就会体味到一种从未有过的成就感，就能感受到生活的美好和快乐。

10 一定要听父母的劝

你的变化

“随着你一天天长大，我们觉察到，倔强的你总是把我们的劝告当作耳旁风，天冷让你加衣服你不听，河里很危险让你不要下水你偏要……”

对于父母的劝告，你为什么听不进去呢？那是因为逆反心理在作怪，你长大了，觉得是大人了，凡事都可以自己做主了，所以为了坚持自己的个性，倔强的你不听从我们的劝告，坚持我行我素。

对于你的种种行为，父母只想说，你可以不全听我们的话，但不能将有益的劝告当作耳边风，不予理会。俗话说得好，“不听老人言，吃亏在眼前”，不听父母长辈的劝告，是很容易吃亏的。

我认识的几个男孩，他们就因为没有听从父母的劝告而吃了大亏：

一个男孩在秋风萧瑟的日子不顾父母让添加衣服的劝告，坚持穿着单薄的衣服去学校，结果在教室里冻了一上午，感冒了。

另一个男孩不听大人劝告私自爬高，不慎从墙上摔下来造成左臂骨折。

一个男孩不听父母劝阻，执意要下水游泳，结果险些丧命。

还有一个男孩没听父母的话，将与之产生矛盾的同学暴打了一顿，结果打得对方住了院，自己被学校记了大过。

你可以想一想，如果他们当初能听进父母的劝，会造成这样的结果吗？我想不用我说，你心里也明白。

孩子，父母作为过来人，经验丰富，懂得如何应对每一件事。也正因为如此，尽管父母看到你把脸转向另一边，还冷冷地哼一声，尽管被你说成是“复读机”，父母依然会不厌其烦、苦口婆心地这样对你说：“听我们的劝吧，没错的，我们这完全是为你好。”

父母的建议，一定要入耳、入心

讲两件发生在我周围的事：

事件一：

在我居住的小区旁边，有一家送水公司，因为每天出进门都要路过那儿，时间长了就和里面一个20岁左右的送水工混熟了，常和他聊天。有一次聊到了关于工作的话题，小伙子特感慨地对我说：“中学时代，年少轻狂的我生命里流淌着叛逆的血液，不听父母的任何劝告，成天和一群死党混在一起，无所事事，学习也是一塌糊涂，连个高中也没考上。后来父母看我成天闲在家，挺着急的，忙着给我张罗份差事，而我又没一技之长，只好当送水工了。”

事件二：

有一次我碰到一位昔日的同学，问他境况如何，他连声叹息道：“唉，当初要听父母的劝告，继续在学校读书，也不会像现在这样狼狈。”这位不听从父母的劝告，辍学到沿海城市打工赚钱的同学追悔莫及。

孩子，他们的一席话有没有让你有所触动呢？你年轻气盛，自以为什么都懂，凡事都想按自己的意愿行事，听不进任何人的劝，父母说多了，你还会使性子、发火，可是孩子，你也看到了，不听大人的劝告，往往吃亏的仍然是你自己，懊悔的也是你自己。

给你讲道理、摆事实，我们只是想提醒正处于青春期的你，不要太倔强，要虚心听取别人的劝告，尤其是听认识你、又能给你宝贵意见之人的话，比如说你的父母，他们说的都是经验之谈，你一定要将他们的建议入耳、入心。要知道，父母是如此的爱你，是不会害你的。

如果感觉父母错了，去请教自己的师长吧

一个从来都把父母的劝告当耳旁风的男孩曾无奈地对我说：

我也不想这样对他们，可是他们有时候太固执，太不可理喻了，明明是他们错了，还坚持要我听他们的，这样我能听吗？能不忽视他们的劝告吗？

你是否也遇到过这种情况呢？我们承认，在给予你劝告的时候父母也会犯错，但你不能因此就一概忽视我们的劝告。碰到这种事，怎么处理比较好呢？我给你的建议是：**这个时候你可以去请教你的师长**，这里所说的师长，是老师和长者的意思。

我所熟悉的一个男孩就是这样做的：

他马上就要面临中考，学习非常紧张。有一次市里要举行一个中学生辩论赛，他很想报名参加，因为他曾拿过好几次辩论大赛的冠军，可这次父母却不同意他参加，劝他把精力放在备考上。

平时他很听父母的话，这次他觉得父母错了，他认为如果时间处理得好的话，比赛是不会影响学习的。到底要不要听父母的呢？他很矛盾，最后决定去请教班主任。班主任经过认真思考，觉得他的想法很合理，支持他的做法，还答应去做他父母的工作。最终，他的父母同意他报名参加辩论赛。

不得不说，这个男孩的做法非常棒。如果他在感觉父母错了

的情况下还选择听从父母的劝，那么他的心愿就无法完成；如果他顶撞父母，很可能会让父母伤心，也许一场战争在所难免。去请教班主任就很好，作为师长，他不仅能客观地分析事情的利弊，还能帮助男孩做父母的思想工作，结果使得男孩如愿以偿。

你也可以学学这种做法，当你感觉父母错了的时候，当你还在犹豫要不要听父母劝的时候，去请教自己的师长吧，他们会给你最正确的答案。

给你一些过来人的经验

要虚心听取别人的劝告，尤其是听认识你、又能给你宝贵意见之人的话。

当你感觉父母错了的时候，当你还在犹豫要不要听父母劝的时候，去请教自己的师长吧！

第四章

关于品质与习惯
——给你一些受用一生的提醒

做人正直，一定要以这三个标准来要求自己：损害他人利益的事不要做；有违自己良心的事不要做；父母以及身边好友反对的事不要做。

只要每天都坚持，时间长了，习惯总会形成，意志力也就油然而生。

如果我们整日愁眉苦脸地生活，生活肯定阴云密布；如果我们爽朗乐观地对待生活，生活肯定阳光灿烂。

面对抉择，问问自己：5年后，会有怎样的结果，考虑得越远，对你越有利。

1 一定要勤奋，不要懒惰

你的变化

“小时候的你，对任何新鲜事物都很好奇，总是跃跃欲试，例如扫地、洗碗、倒垃圾等等，可是现在随着青春期的到来，你那勤劳的特质却消失不见了，每天早上叫你起床，一遍不行，总是要叫好几遍你才会懒洋洋地从被窝里爬起来。”

进入青春期以后，不知道你自己发现没有：

你每天都贪睡赖床，好几个闹钟放在旁边都不管用，父母叫你，一遍难以奏效，总是要喊上好几遍才能把你从温暖的被窝里拉起来。

你的房间总是乱七八糟，被子没叠，脏衣服、臭袜子扔了一地，椅子东倒西歪地躺在地上，数不清的课本、作业本、试卷摊在桌子上，根本无法找到一点儿空隙，还有不知道何时喝完的空牛奶瓶、薯条袋子被扔在桌子下面，正散发出一股难闻的味道，甚至还引来了好几只蟑螂的光临。

你的头发已经长到耳根，可你却不想花点儿时间去理发店修剪它。

你的作业已经累积了一堆，可你却先要过足游戏瘾才来考虑写作业的事。

想想看吧，你身上是否有这种种的表现呢？如果有，说心里话，父母的心情是很矛盾的，既感到生气又夹杂着心疼，生气是因为这么大的你还懒惰成这样，心疼则是怕你迟到挨老师批评，怕你住的环境不好影响了身体健康。所以，尽管心里一百个不愿意，父母还是会不厌其烦地喊你起床，会一如既往地替你收拾房间。

可是孩子，你知道吗，虽然父母向你妥协了，任由你随心所欲将懒惰进行到底，但我们的内心却承受着巨大的煎熬，因为我们知道，懒惰是一种非常不好的习惯，将给你的未来埋下怎样的“失败”因子。

懒惰会让人失去一切

我们先来看一则故事：

某著名外企企划部同时聘用了甲乙两个大学毕业生。甲很勤奋好学，每天都是提前半小时到公司，除了认真完成自己分内的工作之外，还会主动帮同事的忙。当别人都下班以后，只有他还留在公司里，有时候甚至加班到深夜才走。周末，别人都放松去了，他要么去图书馆看和工作有关的书，要么去拜访客户。

而乙呢，进了外企就好像进了保险箱，每天上班几乎都是最后一个到，偶尔还会因为睡过头迟到，在工作期间，他常常偷懒，上司交办的事总是找借口推托，能拖到明天的事今天绝对不做，能推给别人的事就尽量推给别人，下班时间一到，他就拍拍屁股走人，闪得比谁都快。周末，或者埋头睡大觉，或者呼朋唤友吃饭、K歌，玩得不亦乐乎。

三年过去了，两人的境遇发生了巨大的变化，甲因为工作勤奋、业绩突出升职为部门主管，而乙则成为了金融危机到来后被裁的第一批员工中的一员。

这虽然只是个很平常的故事，可细细品味，其中却包含着深刻的人生哲理——**懒惰是最具破坏性的，也是最危险的恶行，它会让人失去一切。**

孩子，你要知道，这个世界上没有不劳而获的事，不然世界上所有的人，不用去付出都能取得成功。然而，这显然是不可能的一件事，成功就如同天上的馅饼，是不会掉下来砸中你的，只有通过勤奋与努力，才能收获胜利的果实。

现在的你懒惰一点儿，命运对你的惩罚很小，无非就是迟到或者学习成绩差一些，但当你进入社会以后，由懒惰带来的惩罚就不是如此简单了，你的生活或者工作将因此而受到非常大的影响。

一定要勤奋，与懒惰说分手

很多男孩都曾这样表露过自己的心声，我很羡慕班上那些优等生出色的成绩，他们可以轻易就获取老师的赞许、同学的钦佩。现在我要告诉你，他们的成功，不是天资比你聪慧，领悟能力比你强，而是他们流的汗水比你多，在你玩得不亦乐乎的时候，也许他们正在静静地读着课文、做着习题呢。

如果你想将成功的桂冠戴在头上，那么现在就是该向勤奋迈进，与懒惰说分手的时候了。

如何告别懒惰呢？以下这三个原则或许可以帮到你：

（1）养成不睡懒觉的习惯

一位幽默大师说过："每天最大的困难就是离开被窝，走到冰冷的街道。"孩子，也许对于你来说就是这样的，让你从温暖的被窝里起来是一件不愉快甚至很困难的事情，可是如果你因此而贪睡赖床，弥足珍贵的早晨时光往往就白白浪费掉了。

有这样两个男孩，我们来看看他们在假期中的清晨是怎样度过的：

一个和往常一样，每天六点半起床，吃过早餐后进行晨读，背古诗、英语单词、公式，另一个则睡懒觉，到十一点快吃午饭的时候才睡眼惺忪地起床。

通过这两个人的比较，我们可以算一笔账，坚持早起的男孩每周如果能背诵5首诗、20个单词、5个公式，那么他一个月下来、一年下来，掌握了多少内容呢？这样一算，你是不是吓了一跳，短期之内不觉得，时间长了效果却很惊人。

睡懒觉，事情虽很小，反映的却是一个人的精神状态如何、做事积极性如何。一个爱睡懒觉的人，可想而知，他的精神状态和做事积极性一定不高，这样做起事来，必然也很难有所成就。

“温暖的被窝是青春期的坟墓”，我很喜欢这句话，也希望它能给予你警醒。要想不虚度光阴，一定要养成不睡懒觉的习惯。

（2）养成立即就行动的习惯，绝不拖延

拖延有一个危害，就是你一旦拖延，就很容易再次拖延，直到形成一种根深蒂固的恶习。比如说今天要完成的作业，临睡觉也没有完成，于是你告诉自己，明天再写也不迟，可是明天还有新的作业呢，于是未完成的作业越来越多，最终让你失去了兴趣，也失去了完成的勇气。

如何解决这一问题呢？唯一的办法是：**立即行动。**

这就要求**你不管有什么需要做的事，都不要给自己找拖延的借口，**立即去完成它。例如：

现在你该写作业了，千万别告诉自己“打两把游戏再写”；

现在你该去锻炼了，千万别想着“过五分钟再去”；

现在你该扫地了，千万别对自己说“中午吃过午饭一起扫吧”。

（3）一旦有懒的想法，立即清除

每个人的身上都有惰性因子，当它跳出来作怪时，有的人能够将它压下去，而有的人则往往容易被它降服，结果前者变成了勤奋的人，而后者则成为了一个懒惰者。

如果你不想成为那个被惰性因子降服的懒惰者，那么就要在它跳出来作怪时将它压下去。举个例子，在你准备写作业时，大脑里一旦有“先玩会再写”的想法，就要立即清除掉，别让它干扰你的行动。

给你一些过来人的经验

成功就如同天上的馅饼，是不会掉下来砸中你的，只有通过勤奋与努力，才能收获胜利的果实。

只要你决心与懒惰分手，在实际生活与学习之中持之以恒，那么你一定可以告别懒惰。

2 一定要做个正直的人

你的变化

“小时候我们告诉你要堂堂正正、光明磊落地做人，你也一直践行着这一思想。可当你长大后，你的所作所为离正直越来越远了，有一天，你的班主任告诉我，平时严于律己的你居然作弊了。”

我认识的一个男孩曾这样对我说：“爸爸妈妈告诉我要堂堂正正、光明磊落地做人，可我发现现在这个社会，做正直的人往往很吃亏，投机取巧和阿谀奉承要远胜于刚正不阿。”接着他给我讲了两个正直的人吃亏的故事：

故事一：

每一次考试，班上大多数同学都会在很久以前就着手开始复习，看课本、做习题，可考试成绩总比不上那些在考试中作弊的同学。

故事二：

有一次去找隔壁邻居家那个已经工作两年的大哥哥玩，那天他情绪不太好，还忍不住骂了粗口：“学了这么多知识有个屁用，到头来还不如那些只会拍马屁的小人。”我对这事很好奇，后来一问才知道，在竞争艺术总监职位的大战中，实力不俗却不屑于阿谀奉承的他，输给了一个肚子无墨却很擅长花言巧语的人。

孩子，也许你也有过类似这样的经历，同样的，你或许也对正直做人产生了怀疑，但作为过来人，父母想告诉你，我们不排除有些事真如你所看到的那样，但事实上，这只是暂时的，靠投机取巧和阿谀奉承谋取利益根本行不通。

一个很正直的男孩曾这样对我说：

我念初中的时候，班里有个“作弊大王”，作弊的手段非常高，每一次考试他都能逃过监考老师的“火眼金睛”，因此他总能取得很高的成绩。可是他并没有笑到最后，中考一败涂地，连普通高中的大门都进不了。

一个男孩也给我讲了一件他公司的事：

公司有个特别会拍马屁的人，凭借着对领导的阿谀奉承坐上了部门主管的位子，可是没过多久，他就被领导炒了鱿鱼。

为什么会出现这样的结果呢？这只不过验证了我所说的，投机取巧和阿谀奉承不会有好果子吃。相信你自己也知道，好成绩的获得，靠的是平时的积累，凭借作弊虽然能取得好成绩，但实际并没有真正理解和掌握有关的知识，而中考则是一个对所学知识的集中考验，知识掌握不了，自然无法取得好成绩。

再来说说工作的事，要在事业上获得成功，实力是重中之重，溜须拍马虽然能风光一时，但并不能长久，被淘汰是早晚的事。

大学问家孔子曾经说过：“人之生也直，罔之生也幸而免。”意思是说，人应该生活得正直、坦率，不正直的人也能生存，但那不过是侥幸免于祸害罢了。话虽简单，却道出了深刻的道理。

孩子，说了这么多，我们只希望，你能够把曾经丢掉的正直找回来，让它成为陪伴你终身的良好品质。

那么，怎么做到正直呢？有这样三个标准。

损害他人利益的事不要去做

在学校里，往往有这样的人：

看到同学新买了一套漫画，就趁别人没看见的时候，悄悄拿走了其中一本。

学校组织去看电影时，为了能够坐在前面，就插队使劲儿往前挤。

孩子，扪心自问，这样的人你愿意与他交朋友吗？我们相信你肯定恨不得躲开他，你和周围的人都讨厌他，没有人愿意和他交朋友。

那为什么你们不喜欢他呢？很明显，他的利己行为损害到了他人的利益，这样的人无法受到他人的欢迎。

有违自己良心的事不要去做

有一个故事曾让我很感动：

我国西北某地一位农村男孩在高考中以优异成绩被名牌大学录取，可他却为学费而忧虑。一家生产健脑口服液的企业得知这一消息后表示愿意出资万元资助，条件是要他做一则电视广告，说是服了这家企业生产的健脑口服液，才一举夺魁的。最终，这个男孩没有答应，他说："我家清贫，上中学的学杂费都是东拼西凑的，我从来没喝过口服液，也根本喝不起，是老师的辛勤教诲和自己的刻苦攻读，才取得这样的好成绩，如果我违心地做了这个广告，今后在社会上还怎么做人？"

万元资助，这对一个家境贫寒又急需钱用的学生来说是一笔多么诱人的数目啊，然而他却毫不动心，断然谢绝，虽然他最后失去了被资助的机会，但他的行为却折射出一个正直学生的美好心灵。

这个世界上有许多事情需要我们去做，在做任何事情之前，一定要先问问自己，做这件事会不会违背了我的良心，如果你的答案是肯定的，那么你就应该断然拒绝。这不仅是对他人负责，更是对自己负责，因为做了这样的事会让自己心里难受，内心一辈子都得不到安宁。

父母以及身边好友反对的事情不要去做

当你决定做一件事的时候，也许会遭到父母以及身边好友的反对，在这种情况下，你是应该继续坚持，还是听从别人的劝告呢？作为过来人，我想对你说，如果你的想法已经遭到了身边大部分人的反对，那么你就不要将它付诸于行动。

一个男孩曾给我讲过一件他的故事：

有一次他在上课时扰乱课堂纪律，被任课老师当着全班同学的面叫起来训斥了一顿，他觉得特别没面子，决定报复老师。当他把这一想法告诉好朋友时，遭到了朋友的反对，但他没听劝，悄悄在老师的自行车上做了点儿手脚。没想到老师因此严重摔伤，左腿骨折，到医院动了大手术才治好。

这个男孩告诉我，他很后悔，如果当初听了朋友的劝，就不会有后来的惨剧发生了。

男孩子年轻气盛，做事总喜欢一意孤行，听不得反对的声音，但事实证明，不听劝未必就是好事，很有可能害了别人，还让自己的良心受到谴责。

父母以及身边好友反对的事情不要去做，孩子，在做任何事情的时候，我们都希望你以这个标准来要求自己。

给你一些过来人的经验

投机取巧、阿谀奉承固然能取得利益，但这只不过是暂时的，从长远来看，只有刚正不阿才能行得通。

做到正直，一定要以这三个标准来要求自己：损害他人利益的事不要做；有违自己良心的事不要做；父母以及身边好友反对的事不要做。

3 坚持就是胜利，做个坚韧不拔的勇者

你的变化

“小时候写作业，每当遇到难题的时候，你会自己思考很久，实在做不出来才会来找父母或者第二天去问同学、老师，可是随着年龄的增长，你的意志力却越来越薄弱，面对难题，你都不思考一下，直接就放弃了。”

许多男孩子常常会做一些意志不坚定的事，例如：

写作业的时候，常常一遇到难题，心里就打起了退堂鼓；

和爸爸去晨跑，往往才跑一半路，就再也不跑了；

决定戒掉网瘾，每天就上网一小时，可没坚持几天，网瘾又犯了。

孩子，对于你来说，放弃一件事往往很容易，可父母看在眼里，却为你着急、惋惜，如果你的意志力再坚定哪怕是一点点，结果或许就不是这样了。

有这样一则故事：

1952 年 7 月 4 日清晨，加利福尼亚下起了浓雾，在海岸以西 21 英里的卡塔林纳岛上，一个叫费罗伦斯的 43 岁妇女准备从太平洋游向加州海岸。如果费罗伦斯成功了，那么她就是第一个游过卡塔林纳海峡的妇女，在此之前，她是第一个游过英吉利海峡的妇女。

那天早晨雾很大，海水冻得她身体发麻，她几乎看不到护送

她的船。时间一个小时一个小时地过去了，千千万万人在电视上看着。有几次，鲨鱼靠近了她，被人开枪吓跑了。15个小时之后，她又冷又累，就叫人拉她上船，别人告诉她离海岸很近了，让她坚持下去，但她朝海岸方向望去，除了浓雾什么也看不到。15小时零55分钟之后，她被拉上船，而此地离加州海岸只有半英里。这让费罗伦斯后悔万分。

孩子，不知道你看完这个故事以后有什么感觉，我当时是心里受到很大的触动。费罗伦斯已然是成功在望，可她却没有再坚持一下，最后与成功失之交臂，后悔万分。这是不是很可惜？

坚持就是胜利，这是人所共知的道理，可是大多数人常常不能坚持到最后，结果令人唏嘘不已。而有的人意志力非常坚定，咬着牙克服万难坚持到了最后，结果获得了成功。

举这个例子，我们只想让你知道，你每一次的放弃，都会让你离成功越来越远。

生命就像是一篇文章，结尾处有些人用的是句号，有些人用的是惊叹号，也有些人以问号来结束。作为深爱着你的父母，我们当然不愿意你的人生以后两种形式结尾，相信这也不是你想看到的。所以，现在的你，很有必要坚定自己的意志力，做个坚韧不拔的勇者。

那么，如何培养意志力呢？给你提几点建议。

凡事再坚持一下

“行百里者半九十”，最后的那段路，往往是一道难越的门槛，因为在我们历尽艰辛、心力憔悴的时候，即使一个小小的变故或者障碍都有可能把我们击倒。这个时候，意志就显得至关重要了。

而要越过这道门槛，我给你的建议是：**再坚持一下**。

京剧《沙家浜》里郭指导员有一句话："胜利往往来自于再坚持一下的努力之中。"事实正是如此，如果一个人在遇到困难的时候，能够有足够的意志"再坚持一下"，接下来便是成功了。

一位久经商场的成功人士是这样描述他的创业经历的：

一开始，我和伙伴就遇到了很多的困难和挫折，比如最简单的选址，看了很多地方都不是我们最想要的。还有进货，不知道哪个渠道获得的利润会更高一些。更让人头疼的是资金短缺，贷款、拉赞助，我们想了很多办法。公司还未建立，我的同伴就想撤退了，他说还不如去给别人打工，至少不用这么辛苦，还看不到胜利的曙光。我没跟同伴一起走，自己坚持了下来，而事实证明，我当初的坚持是对的。

孩子，你来想想看，如果他也像同伴那样中途就撤退了，结果会如何呢？很明显，也许他会成为一个优秀的打工族，但却不会有今天这番辉煌的成就。

凡事再坚持一下，这非常有助于你意志力的培养，更重要的是，凭借着坚定的意志力，你可能就收获了成功。

从小事做起

如果把坚定的意志比作我们生命中的长城，那么，我们每做一件小事，每经历一次磨难，取得一次成就，就等于为生命长城添加了一块砖石。反之，我们每一次都迁就软弱，就意味着从这长城上拆掉了一块砖石。

列宁曾经说过："要成就一次大事业，必须从小事做起。"的确如此，不日积月累通过小事情去培养意志力，而期望有朝一日在大事情上表现出坚定意志来，是不切实际的幻想。所以，要培养坚定的意志，不仅要从小事做起，而且要从现在开始。

对你而言，每时每刻，事事处处都有锻炼的机会。例如：

你爱好睡懒觉，那不妨来个睁眼就起；

你常常“今日事，靠明天”，那就把“今日事，今日毕”作为座右铭；

你碰到书就想打瞌睡，那就每天强迫自己读一小时的书，不读完就不睡觉。

这些小事，只要每天都坚持，时间长了，习惯总会形成，意志力也就逐渐培养起来了。

永远记住黎明前总是要经历黑暗

在黎明到来前，总得经历黑暗，这是大自然不变的规律，我们不可能直接越过黑暗，看到黎明的曙光。人生同样如此，没有人能够不经历困难和挫折就一步登天，成功的人往往是意志坚定地穿越黑暗，最后迎来了黎明。

给你一些过来人的经验

胜利属于坚韧不拔的人。只要每天都坚持，时间长了，习惯总会形成，意志力也就培养起来了。

要想迎来黎明，得先经过黑暗。

4 永远让微笑洋溢在你的脸上

你的变化

“以前的你是个十足的乐观主义者，即使遇到不开心的事，你也会一笑而过，现在你却变得很悲观，每天都是些‘烦’、‘郁闷’之类消极的词，以及永远也叹不完的气。”

在家长会上，一位老师曾对我们说：“现在的男孩很容易悲观，一次没考好，就认为以后就不会考好；让他们分析问题，他们总看到事情不好的一面……”

这位老师说得没错，我平时也经常听到这样的话从男孩口中传出：

老师喜欢优等生，不喜欢我们这种差生；

老师偏心，就看我不顺眼；

每天怎么有这么多的作业，真是烦死了；

这该死的天气，又下雨了。

我们每个人，都希望自己的生活愉快而充实，但生活总会出现一些风波，使得我们笼罩在阴影之下。比如说，无端受到别人的指责、考试没考好、明明晴朗的天空忽然乌云密布等等。面对不愉快的事，我们不可避免会出现一些负面情绪，但一直将这种消极情感延续下去就不好了。

有这样一个广为流传的故事：

美国有一对兄弟，一个出奇的乐观，一个却非常悲观。

有一天，他们的父母希望兄弟俩的性格都能够改变一些。于是，他们把那个乐观的孩子带进了一间堆满马粪的屋子里，把悲观的孩子带进了一件放满漂亮玩具的屋子里。

一个小时后，他们的父母走进悲观孩子的屋子时，发现他坐在一个角落里，一把鼻涕一把眼泪地在哭泣。原来，他不小心弄坏了玩具，怕父母会责骂自己。

当父母走进乐观孩子的屋子时，却发现孩子正在兴奋地用一把小铲子挖着马粪，把散乱的马粪铲得干干净净。看到父母来了，乐观的孩子高兴地叫道："爸爸，这里有这么多马粪，附近肯定会有一匹漂亮的小马，我要给它清理出一块干净的地方来！"

故事中这个乐观的孩子就是后来的美国总统里根，他从报童到好莱坞明星，再到州长，直至当上了美国总统。

从这个故事中，你是否能看出点儿什么呢？我们至少可以看出这样一点：**乐观是成功的催化剂。**

是的，乐观的人总能坦然面对人生的际遇，不管刮风下雨还是风和日丽，都能平静地对待，宠辱不惊；他们总认为自己是幸运的，即使遭遇挫折，他们还是坚信自己有能力改变现状，他们会拿出自己最好的状态与挫折作斗争，直到把挫折打败。

在人生道路上，不可能没有沼泽与坑洼，也许遍地荆棘，挫折、困难、不幸往往会与人不期而遇，那么我们该以怎样的心态来面对呢？作为父母，我们不愿意看到你以悲观的眼光来看待它们，而是希望你将乐观当作你应对这一切的有力武器。

每天都要笑一笑

法国作家拉伯雷说过这样的话："生活是一面镜子，你对它笑，它就对你笑；你对它哭，它就对你哭。"如果我们整日愁眉苦脸地生活，生活肯定愁眉不展；如果我们爽朗乐观地对待生活，生活肯定阳光灿烂。

我有这样一个朋友：

她很喜欢笑，每天都把微笑挂在脸上，正因为这样，许多人都喜欢她。上学的时候，老师喜欢提问她，对她的学习很关照，同学们都喜欢围绕在她身边，和她交朋友；工作以后，同事们都喜欢她，常常给予她帮助，她升迁得很快，才工作没几年就坐上了主管的位置。

其实我这朋友除了笑之外没有什么特别之处，但她为什么会赢得他人的喜欢以及事业的成功呢？这就是笑发挥的作用，没有人会拒绝常常对自己微笑的人。

所以，每天都笑一笑吧，你的笑，会让你收获良多。

凡事换个角度

乐观的人和悲观的人有什么区别呢？举几个例子就一目了然了：

面对同样的半杯水，乐观的人会说：“太好了，还有半杯水。”悲观的人则会说：“唉，怎么就剩下半杯水了。”

鲜花盛开，悲观的人沮丧花开了会谢，乐观的人想到的是花开了以后能果实累累。

看到外面正在下雨，悲观的人会说：“这该死的天气，又下雨了！”乐观的人则会说：“太好了，下雨了，小草、小花们又能喝到水了。”

悲观地看待一切事物，只会让我们的心情变得很糟糕，做什么事情都提不起兴趣，结果没有一件事能做好。与其这样，倒不如换个角度，将悲观转化为乐观，乐观就会成为成功之源。

不要为掉在地上的冰激凌哭泣

也许你曾有过这样的经历：

你高兴地拿着一个冰激凌边走边吃，忽然一不小心，整个冰激凌掉到了地上，散成一片。你呆在那里不知所措，只是伤心地看着一地的冰激凌。

其实，你没有必要为掉在地上的冰激凌哭泣，掉了就让它掉了吧。如果你一直为这件事耿耿于怀，那么你的心情将因此而受到极大的影响，以至于无论碰到什么事，你都不会从正面去看待。

现实生活中，有很多事情，都不会按照你想的那样一帆风顺。比如说：你想把事情做得完美无缺，可偏偏出了差错；你以为凭借着小聪明能够把事情处理好，可偏偏弄巧成拙……这时候应该怎么办呢？伤心、哭泣、埋怨都无济于事，只会让你的心情越来越糟糕，既然事情都发生了，倒不如微笑以对，错了又怎么样，干了蠢事又如何，然后再想想补救的方法。

给你一些过来人的经验

如果我们整日愁眉苦脸地生活，生活肯定愁眉不展；如果我们爽朗乐观地对待生活，生活肯定阳光灿烂。

掉了的冰激凌就让它掉了吧，不要为之哭泣。

5 别让自卑成为成长的绊脚石

你的变化

“以前吩咐你做任何事，你会拍着胸脯大声地说：‘没问题，保证完成任务。’现在，我们却经常听到这样的声音：‘这事太难了，我恐怕做不了？交给我能行吗？我有这么厉害吗？我什么都不会……’”

一个老同学对我讲了这样一件事：

他的儿子强强今年上初一，学习成绩还不错。前两天，学校组织知识竞赛，一个班级选三名学生参赛，强强被选中了，可他却说什么也不肯去。老师让他回家好好做做强强的工作，可强强却告诉他，他不想参加竞赛是因为怕比赛输了会丢人。

其实，生活中像强强这样缺乏自信的男孩并不在少数。打开青春期男孩的生活辞典，我们会发现，里面写满了自卑，自卑充塞在他们生活的每一个角落。

孩子，这样的话也许你并不陌生：

我成绩不好，而且怎么努力也无法赶上我的同学，因为他们太聪明了，而我是这样笨。

在老师眼里，我就是一个虽然听话但不聪明的男生，在父母的眼中，我是一个平庸的孩子。

当别的同学在一起谈笑风生的时候，我总是默默听着，因为每当我想插话的时候，就会想：“我这么差劲儿，我说的话，他们不会嘲笑我吧？”

这次英语又考砸了，我想我肯定不是学英语的料。

那次在文艺晚会上表演节目忘了台词，唱歌走了调，以后我再也不当众唱歌了，其实我唱歌一点儿都不行。

和同伴相比，我的身高矮了他们一大截，我总觉得低人一等。

是的，我们意识到了，青春期的你常常觉得自己不是这里不如人，就是那里不如人，甚至是一无是处，看自己既不帅也不聪明，更不像别人多才多艺，便认为自己是一个失败者，甚至认为自己的人生本身就是一场悲剧。

可是孩子，作为父母，我们不想听到你说这样丧气的话，更不愿意看到你的生活被自卑的阴影覆盖。

有一个故事你可能听过：

一天早晨，当园丁到园里去的时候，发现所有的花草树木都枯萎凋谢了，园中充满了衰败气象，毫无生气。原来橡树认为自己没有松树那样高大挺拔，所以不想活了；而松树又恨自己不能像葡萄藤那样结果子，感到沮丧万分；葡萄藤也很伤心，因为它觉得自己不能直立，也不能像牵牛花那样开出美丽的花朵；牵牛花也很苦恼，因为它自叹没有紫丁香的芬芳。就这样，园子里的花草树木全都垂头丧气，在沮丧中一一凋零。

为什么园子里的花草树木都凋零了呢？可以说，是强烈的自卑心理导致了这样的结果。

花草树木如此，人何尝不是这样，长期被自卑情绪感染的人，会因此而变得自暴自弃、破罐子破摔。

一位哲人曾经说过，人生最大的损失莫过于失掉自信心。当一个人失去自信心时，就好像浮在水里的死鱼，任凭水势东漂西荡，而一条活鱼，即使遭遇逆流，也能直冲而上。

孩子，我们希望你记住一点：**当你因为各种各样的问题而萌**

生出自卑心理时，失望的会是我们，但对不起的却是你自己。世界上没有完全相同的两片叶子，你的风景在于你的独特，别让自己撞在自卑这块古老的岩石上，把自己弄得头破血流，而是自信起来，相信你是独一无二的。

如何获得自信呢？我们可以从以下几个方面来尝试：

发现自己的长处

很多男孩之所以会自卑，往往是犯了这样一个错误：用自己的缺点去与别人的优点比，从而忽视了自己的优点。所以，要想对付压得你喘不过气来的自卑，就不要抓着自己的缺点不放，多发现自己的长处。

现在你就好好想想自己的优点，找一个专门的本子把它们写下来吧！也许一时半会儿想不起来那么多，但你可以花时间慢慢地去发现，渐渐地，当你的优点越来越多时，你就会发现你的自信心在无形中树立起来了。

做出自信的行为

（1）挑前面的位子坐

一个读书期间成绩次次名列前茅，现在已经开办了一家公司的男孩曾这样向我回忆父母对他的教育：

在很小的时候爸爸就向我灌输“永远都要坐前排”的思想，用他的原话说就是：“即使是坐公共汽车，你也要永远坐在前排。”

“永远坐在前排”和好成绩的获得以及取得不俗的成就有什么关系呢？心理学家通过研究证实，坐在前面能帮助人们建立信心。坐在前排，意味着：“我能行”“我很棒”“我是无可畏惧的”。联系现实生活，我们就会明白这个道理：学校课堂上，谁坐在前排，谁往往会成为学业优异者；公司里，开会时坐在前排的人，也往往最先得到加薪和晋升。

因此，从现在开始，你不妨试试看，无论参加何种形式的活动，尽量挑前面的位子坐。

（2）把走路的速度加快25%

如果你经常观察人们走路，会发现一种有趣的现象：那些遭受打击、被排斥的人，走路都拖拖拉拉，完全没有自信心；另一种人则表现出超凡的信心，走起路来风风火火，比一般人快，像跑。

当你使用这种“走快25%”的方法，抬头挺胸走快一点儿时，你就会感到自信心在滋长。

（3）练习当众发言

美国成功学家拿破仑·希尔指出，有很多思路敏锐、天资高的人，却无法发挥他们的长处参与讨论，并不是他们不想参与，而只是因为他们缺少信心。

在公众场合，那些沉默寡言的人总是认为：“我的意见可能没有价值，如果说出来，别人肯定会觉得很愚蠢，我最好什么都别说，以免出丑。再说了，其他人可能比我懂得多，我何必自讨没趣呢。”这些人也许会对自己许下很渺茫的诺言：“等下一次再发言。”可天知道下一次又是何时，这只是对自己人生不负责任的一种推托之辞。

多发言是信心的“维他命”，换句话说，如果尽量发言，就会增加信心。

说出自信的语言

同样是身材矮小的男孩站在镜子面前，自信的男孩会认为：“我虽然很矮，但里面浓缩的可全都是精华。”于是，内心暗喜不已。而缺乏自信的男孩却痛苦不堪地呻吟起来：“怎么搞的，我这么矮，真是丢脸极了。”于是，他在一气之下把镜子摔破了。同一件事情，发生在自卑与自信的人身上，结果往往天壤之别——具有否定意味的语言，对一个人的身心健康有百害而无一利，相反，肯定的措词却能够消除人的自卑感。因此，你要不断地提醒自己：

我能行；

我并不比别人差；

我是最棒的；

小小的挫折对于我来说没什么。

给你一些过来人的经验

当一个人拥有自信心时，即使遭遇逆流，也能直冲而上。

世界上没有完全相同的两片叶子，你的风景在于你的独特，自信起来，相信你是独一无二的。

6 千万不要太小气

你的变化

“前几天，当别人不小心踩到你的鞋时，你火气很大，冲对方吼了一句：‘找死啊，没长眼睛啊！’”

什么是小家子气呢？这主要表现在以下两个方面：

第一，对人对事不宽容。

请看这样一些场景：

在拥挤的公交车上，一个男孩被别人踩了一下脚，愤怒的他当场骂开了：“没长眼睛啊！”

在理发店里，理发师不小心把一个男孩头上的一小块头发给理光了，男孩无视理发师不停地道歉，大发脾气：“你到底会不会理发，不会还开什么店。”

在课间休息的时候，一个同学不小心将桌上的墨水瓶打翻了，很多墨水溅到了同桌刚穿的白衬衣上，同桌男孩脸都绿了，拿起墨水瓶就将墨水倒在他的身上。

别人得罪了自己，不管是出于无意还是故意，都怀恨在心，要么大发脾气，要么出口就是脏话，要么就是以牙还牙，这就是对人对事不宽容。

第二，很小气，不懂得分享。

我的一个朋友曾给我讲过这样一件让他耿耿于怀很多年的“中学住宿事件”：

他们宿舍一共住了6个人，其中有一个男生非常吝啬，周末返校都会带6个苹果回来。大家以为他会分给同宿舍的人一同吃，但没想到的是，他竟然把6个苹果锁在了柜子里，自己每天吃一个。

这些很简单的小事，就是小家子气的表现。

孩子，你不妨对照看看，你是否也是一个太小家子气的人呢？如果是，希望你以后不要再做这样的人，因为不管是男性还是女性，都不喜欢结交太小气的人。

还是以我朋友为例，对于那个小气的室友，他和其他室友是这样看待他的：

我们一点儿也不喜欢他，无论干什么事我们都是5个人一起，从不喊上他，他常常独自一人行动，在整个学校，他几乎没有朋友。

生活中没有朋友，是一件多么悲哀的事啊！但这要怪谁呢，说到底要怨就怨他自己，如果他不那么小气，别人也不会那样对他。

所以，为人处世千万不要太小气，尤其是作为男孩子的你，更应该严守这样的处世原则。

对待别人的错误，一定要宽容

某青少年研究中心曾经对中学生做了一次问卷调查，其中有一个问题是这样的：对于过去欺负过你或严重伤害过你的人，你会怎么办？调查结果显示，只有29%的学生表示会原谅他，有近24%的学生表示很难原谅或绝不原谅，其余的学生则表示原谅但不忘记。

孩子，如果让你来回答这个问题，你会不会原谅对方呢？作为过来人，我们给你的建议是：对待别人犯的错误，一定要宽容，宽容会让你有许多意想不到的收获。

一个选择宽容别人的男孩曾这样向我谈了他的感受：

有一天，我穿了一条妈妈新给我买的白色运动裤，精神抖擞地去上学。到了学校，许多老师和同学都夸我这条白裤子漂亮，我心里得意洋洋的，觉得今天特别潇洒。

那天，正好有体育课，当我经过操场的时候，一个球朝我飞过来，不偏不倚砸在了我的裤子上，我定睛一看，上面留下了一个烧饼大的黑印。可那个砸到我的人连声对不起都没说，捡起球就走了。我虽然有点儿懊恼，但还是拍了拍裤子上的灰走了。

放学后，同学们纷纷回家，这时我发现有个同学在心急火燎地找东西，我热情地走过去，一看，正是踢脏我裤子的同学，我转身想走，可又一想：何必呢。于是回过头帮他一起找，当我把找到的东西交到他手中时，迎来的是他感激的笑容，我的心里顿时荡漾起温暖和快乐。而且更高兴的是，我俩从此成为了好朋友。

孩子，你想想看，宽容让这个男孩收获了什么？他收获的是自身的快乐和友谊。是的，宽容可以交友，当你用豁达光明的心去宽容别人的错误时，你的朋友自然就多了。

既然如此，面对一个人在无意中犯下的错误，我们为何不能宽容一下呢？人生如此短暂匆忙，我们又何必把每天的时间都浪费在这些无谓的摩擦之中呢？天地如此宽广，比天地更宽广的应该是人的心。

在生活中，我们难免会与别人发生摩擦，这时你应该以一颗宽容的心对待。比如说：当别人不小心踩到你，你应该摆摆手，说声没关系；当别人弄坏了你的东西，向你道歉时，你也应该宽容地付之一笑。

要学会与人分享

在一个网站上发现了这样一条挺有意思的帖子：

大家有没有想过一个人独自在这世上会怎么样，无聊？开心？生气？你可以不用钱就吃东西；你可以乱穿马路……但你不可以开空调，因为没电；你不可以找人聊天，因为没人……

孩子，是不是你也做过这样的梦，或许你也这样幻想过：当哥哥姐姐和你分着吃一个西瓜时，你就想，如果世界上只有你一个人该多好呀，这样你就有很多很多的东西可以吃了；当因为经济拮据，你不能拥有那个高级的变形金刚时，你就想，如果世界上只有你一个人，那商店里所有的玩具都是你的了，你可以想要什么就拿什么……

可是孩子，当你实现了你的梦想时，你会觉得你并不快乐。道理很简单，举个例子，当你如愿以偿拥有无数的玩具时，起初你会很高兴，但过不了几天你就会闷闷不乐了，因为没有人和你一起体验玩具的乐趣。

生活中，我们经常会说“偷着乐”，但实际上没有几个人能做到。当你在学科竞赛中获奖时，当你考上理想的学校时，当你受到老师的赞扬时……你会一个人“偷着乐”吗？你绝对不会，你肯定希望有人和你一起快乐。

从小，不仅是父母，还有你的老师都曾对你说过这样一句话：“好东西要学会跟人分享”，的确如此，生活需要分享，无论是快乐还是痛苦。而当你学会了分享后，最终受益的还是你自己。

独乐乐不如众乐乐，当你把你的快乐与朋友分享时，看到朋友也跟着你快乐，你的快乐是不是比原来多了很多。

当你把你的悲伤与朋友分享时，你是不是觉得你的痛苦比之前少了许多。

你有6个苹果，如果你把它们全吃了，那么，你感觉到的只有一种味道，就是苹果的味道，但是，如果你把其中的5个苹果分给朋友吃，自己只吃一个苹果，那么，你得到的不仅仅是苹果的味道，还会有更多的东西——你的朋友会回馈给你梨、西瓜、桃子、菠萝、荔枝，这样你就尝到了6种不同水果的味道。

这一切，如果你的“独占欲”很强，就永远也体会不到。

给你一些过来人的经验

不管是男性还是女性，都不喜欢结交太小气的人。

当我们的心灵为自己选择了宽容的时候，我们会收到许多的东西，比如自身的快乐以及友谊。

天地如此宽广，比天地更宽广的应该是人的心灵。

7 做个有勇有谋的智者

你的变化

“一天晚上，你有事去了趟同学家，在回来的路上，你看到几个喝醉酒的男人在调戏一个小姑娘，你看不过去，不顾一切就冲了上去……”

你是否有过这样的经历？

公交车上遇到小偷，不经大脑就大声喊“抓小偷”；

路上遇到坏人，与坏人硬拼；

班上某个女生被邻班的男生欺负了，你拎起扫把就往邻班教室走去；

隔壁邻居家的小弟弟被蜜蜂蛰了，你拿起长杆就把小区树上的那个马蜂窝捅了。

没错，大多数男孩子都这样，不缺乏勇气，但却很难理智行事。

孩子，你有勇气，有正义感，我们很高兴，也为你感到骄傲，但你有没有思考过，你这样不顾一切冲上去会产生什么样的后果？

一个男孩曾给我讲过一件他的故事：

有一次他坐公交车去上学，在车上他看到一个小偷把手伸向一位女士的皮包，便大声叫喊：“抓小偷！”结果这一叫，小偷缩回了手，那位女士也急忙护住了自己的包。当他下车后，走到一个拐角无人的地方时，突然有人从后面冲上来抡起拳头就往他身上使劲儿打，边打还边骂："看你以后还敢不敢叫。"他转过身定睛一看，原来是公交车上的那个小偷。

孩子，看到这个故事，你心里是怎么想的呢？也许你会告诉我们，见义勇为还是不要了，明哲保身最好。

不，不是这样的，孩子，见义勇为、伸张正义是我们每一个人都应该具有的一种素质，一种责任，父母鼓励并支持你这样做，我讲这个故事的目的，只是想向你传达这样一种观念：不管做什么事，光有勇而没有谋是不行的。勇而无谋者，是小勇，虽能逞勇一时，却有时刻败亡的危险，真正的智者是有勇有谋。

在见义勇为这件事上，有几个男孩就处理得很好：

一个男孩看到有人被坏人打劫，便悄悄地打电话报了警，结果警察及时赶到，将坏人绳之以法。

另一个男孩看到有小偷偷人钱包，就偷偷地告诉事主："有人偷你钱包。"事主急忙看紧了包，结果小偷没有得逞。

孩子，这样做是不是要比与坏人硬拼或者大声喊抓小偷好很多，既保护了自身的生命安全，又使得受害人没有遭受损失，而这就是有勇有谋比有勇无谋高明很多的地方。

总而言之，孩子，你要知道，有些事，仅凭一腔热血是不够的，还得运用大智慧才行。

遇事不莽撞，多思考3分钟

怎样才能做到有勇有谋呢？一个比较好的建议是：遇事不莽撞，多思考3分钟。

也许你会不屑一顾，3分钟这么短的时间能起什么作用，孩子，你可千万不要小看它，3分钟，足以使事情发生根本性的变化。

一个男孩曾给我讲过一件他亲身经历的事：

他在学校爱打抱不平，平时看见有谁被欺负了，或者发生纠纷，都是第一个站出来帮忙。有一次，他听说班上一个女生被邻班的男生欺负，一怒之下就拎起扫把往邻班教室走去，一进去就把欺负女生的那个男生暴打了一顿，结果把人家的额头打破了，到校医院缝了几针。事后，班主任把他的父母找来，当面狠狠地教训了他一番，他的父母还带着他到那个男生家登门道歉。

后来，他的班主任又与他进行了一番谈话，告诉他以后在伸张正义之前，先思考3分钟再去行事。

过了没多久，又有人跑来告诉他，班上某个男生被高年级的人欺负，这次他又火气冲天地想去找人理论，却想起了班主任的话，于是他止住了将要跨出去的脚步，认真思考了起来，3分钟过后，他想通了，他要去伸张正义，而不是去找人打架。他找到那个高年级的人，心平气和地与对方讲道理，结果对方答应他不再欺负弱小者，还向受害者道了歉。

一件原本可能再次发生的流血事件竟在3分钟内发生了转变，孩子，现在你还会小瞧这3分钟，不把它当回事吗？为什么短短3分钟的时间，所起到的作用却这么大呢？这是因为人在进入思考的状态后，先前激烈的情绪会暂时平静下来，而在思考的过程中，会去想许多问题，比如说这件事我这样处理对吗？做了以后会产生什么样的结果？有没有更好的解决办法呢？得到片刻的沉静之后，就不会像先前那么冲动，而是理智地去解决问题。

遇事莽撞地冲上去，这是有勇无谋，往往容易使得问题变成一团糟，而思考3分钟想到好的办法再行事，这是有勇有谋，也有助于问题更好地解决。所以，孩子，不管遇到什么事，千万不可莽撞，先给自己一个缓冲的时间，哪怕是3分钟也好。

遇到不明白的事情，向过来人请教

遇到不明白的事情，为什么要向过来人请教呢？过来人，是指对某事曾经有过亲身经历和经验的人，正因为如此，他们会为你指点迷津，给你很好的帮助，从而让你少走弯路。

在这一点上，一个男孩的感受较为深刻：

当我遇到不明白的事情时，总会在心里打很多个问号，不是不敢面对，而是不知道盲目行事的结果是好还是坏，这时我都会去找过来人取经，而他们总会给予我最有用的帮助。

就拿暑假去野外探险来说吧，我很感兴趣，也不怕冒险，可我父母却极力反对，说很危险，还找了很多发生事故的例子给我看。到底是去还是不去呢？我决定请教过来人，我上网查了这方面的资料，上面有许多野外探险者讲述的探险经历，还列举了许多途中会碰到的问题以及解决办法，有了这些锦囊，父母终于点头答应了。

孩子，我们并不是说你自己单闯就不会有好的结果，而是如果能有过来人的帮助，你会受益很多。许多没做过的事情，对你而言，结果都是未知的，你无从知道结果是好还是坏，但倘若你向过来人请教，他会以自身的经历以及经验告诉你，什么事该做，什么事不该做，做了会有什么样的后果，有了这样的帮助，你就不会盲目乱闯，以致茫然无措。

所以，为了避免出现使了蛮力却没好结果的现象，在遇到不明白的事情时，你一定要向过来人请教。这些过来人，可以是你的父母、老师、同学以及所有身边能帮助你的人。

给你一些过来人的经验

真正的智者是有勇有谋。

遇事不莽撞，多思考3分钟，在这极为短暂的3分钟内，事情往往会发生根本性的转变。

遇到不明白的事情，要向过来人请教，他们会给你指点迷津。

8 做个眼光长远的男子汉

你的变化

“曾听到你放学回家后这样对我们说：‘上周末，我干的活比任何一个同学都多，亏死了，以后再也不这样傻了。’”

参加家长会的时候，一个妈妈说起了自己的儿子：

这孩子都这么大了，怎么一点儿也不懂事呢，让他吃点儿亏的事情从来都不做，成天就把“凭什么呀”当作口头禅。有一次弟弟一家三口来做客，冰箱里的牛奶只剩下一瓶了，我让他拿出来给小表妹喝，可他不答应，还说：“凭什么给她喝呀，她喝了我不就没了吗？”当时我气得想抽他。

这位妈妈的抱怨，让我想起了平时经常听到的这些话：

凭什么让我干这么多，他们却干那么少！

她比我小，却给她两块蛋糕，而我只有一块，太亏了，我不接受。

这不公平，为什么他可以去外面自由活动，而我却得老老实实呆在教室里。

孩子，这些话你是不是很熟悉呢？不管任何事情，只要你觉得你的利益受损了，你就要强烈抗议，绝对不让别人多占一点儿便宜。

孩子，如果你的身上真有这样的问题，那我们做父母的可真就高兴不起来了。你觉得不能吃亏，所以拼命地维护自己的既得利益，可事实上，这样做并不明智。

作为父母，我们希望你能做个眼光长远的男子汉。

不要过分关注眼前的利益得失

讲一个新东方老总俞敏洪的故事：

在北大念书的时候，俞敏洪每天都拎着水壶去给宿舍里的同学打水，这一打就是4年。

10年后，俞敏洪自主创立的新东方做到了一定规模，他希望寻找一些有力的合作者，于是就跑到美国和加拿大去寻找他的那些同学。他们回来了，但给出的理由却让俞敏洪非常意外："俞敏洪，我们回来是冲着你过去为我们打了4年水，我们知道，你有这样的一种精神，你有饭吃肯定不会给我们粥喝。"

再讲一个我身边的例子：

某医院有个新来的年轻人，非常勤快，经常为自己身边的同事们帮点儿小忙。比如说倒班时，只要哪个医生说有事不能来上班，他就放弃休息，义务替班。没过多久，这个年轻人就赢得了医院所有人的喜爱，有好事，他们都会想到他，评选先进，大家都提他的名。

孩子，按你平时的做事标准，你一定觉得他们亏死了，可是你看到了没有，他们暂时的吃亏却为他们带来了更大的利益。

要做眼光长远的男子汉就应当这样，不要过分关注眼前的利益得失，吃点儿亏没什么，你现在的付出，将来会得到更多。

面对抉择，多问：5年后，会有怎样的结果

面对抉择，你总会犹豫、徘徊，总会有无奈，不知道是要放弃它还是选择它，在这里我们给你一个作抉择的标准：问问自己，5年后会有怎样的结果。当你这样做以后，你就知道该怎么做了。

有个男孩就是这样做的：

当我的朋友怂恿我抽烟时，我很矛盾，不知道要不要答应朋友。后来，我这样问自己：如果我答应了，5 年后，会有怎样的结果呢？我想到，抽烟不仅对身体有害，最大的危害是影响学习，而因为成绩不好，我有可能考不上高中、大学。总之，5 年后，我会变成一个“瘾君子”，而与大学无缘，这是我最终得出的结论。想到这些，我决定拒绝朋友的诱惑。

做个眼光长远的男子汉，当你面对抉择时，不能只看到当前的蝇头小利就轻易做出决定，更要多考虑到将来，不妨将眼光放在 5 年后，看看你做出的选择会有怎样的结果，这时候做出的抉择才是真正对你有利的。

给你一些过来人的经验

不过分关注眼前的利益得失，这样做才会在将来收获更大。

面对抉择，问问自己：5 年后，会有怎样的结果，考虑得越远，对你越有利。

9 成为一个受人欢迎的男子汉

你的变化

“你很苦恼，你说你渴望和同学交往，希望能够融入集体，和大家打成一片，但是周围的同学却不接纳你，排斥你。”

一个男孩曾这样向我倾诉他的孤独：

从小学到现在，我几乎没有交到一个朋友，每天早上都是一个人走路上学，下午又独自一人回家。我从不参加学校里的任何集体活动，因为从头到尾没有一个人会过来和我坐在一起。我想找个人说说话，但却找不到，没办法我只能把话闷在心里，或者对着日记倾诉。

如果你细心观察就会发现，在学校里，几乎每个班级都有那么一两个同学，人际关系非常糟糕，大家都不喜欢他，不接纳他，排斥他，没有人愿意和他交往，他干什么都是独自一人，有时候大家甚至会忘了有这么一号人物存在。

孩子，如果这个不受大家欢迎的人是你，你会怎么想呢？看着大家打成一片而你却被排斥在外，你肯定难受极了，觉得很孤独、很寂寞，有时候你宁愿躲在家里也不要去上学。是的，我们能想象得到，如果周围的人都讨厌你，不愿与你接近，那种心情与滋味的确非常难受。

而作为父母，倘若我们看到自己的孩子不受别人欢迎，每天孤零零一个人，我们的心情也会很低落，甚至在滴血。与此同时，我们还会为你担心。在学校就被同学排斥，那么可想而知，当你将来走上工作岗位，你的人际关系也令人堪忧，这样又如何在社会上立足呢？

人都是喜欢和其他人接触，喜欢和其他人在一起的，有一种合群的倾向。我相信，没有人愿意做个讨厌鬼，每个人都希望自己做个受欢迎的人，希望别人对自己有好感。孩子，你也是这样想的吧，希望和同学交往，希望能融入集体，和大家打成一片，既然如此，你就要努力实现自己的目标。

那么，怎样做才能成为一个受人欢迎的男子汉呢？

爱干净，仪表整洁

现实生活中，很多男孩好像天生就不爱干净，例如：

他们常常在妈妈的再三要求下，才肯去洗澡；

妈妈刚帮忙收拾好的房间，不到半天就被他们搞成乱糟糟的“猪窝”；

他们常常打完篮球或踢完足球后，毫无感觉地穿着臭袜子满屋乱窜；

如果不是父母一再提醒，他们会整整一星期穿一套衣服出门；

他们的头发几个月也不理一次，手指甲、脚趾甲既长又不干净；

有时，他们甚至懒得去刷牙、洗脸。

孩子，仔细审视一下你自己，你是不是就是这样的呢？如果是，那你可就危险了。

也许在你看来，个人卫生是一件微不足道的小事，可事实并非如此，它对你的重要性可大了。可以这样说，许多人可以不管你的相貌如何，却很在意你的个人形象，如果你不讲卫生，每天邋里邋遢出现在大家面前，身上还散发着异味，那么就没有人会喜欢你。

因此，如果你想得到别人的欢迎，就得在个人形象上花点儿心思，力求做到干净、仪表整洁。具体该如何操作呢？其实一点儿也不难，你只要达到以下几点要求就可以了：勤洗澡、勤换衣服，头发及时修剪，常剪指甲，衣帽整洁，出门前要检查一下自己。

话不要太多，多倾听

你是一个非常善于表达自己，还是一个喜欢倾听别人讲话的人呢？如果你的答案是前者，那么你就要注意这个问题了。

在人际交往中，作为尊重他人的一种表现，善于倾听的作用是非常重要的。心理学研究表明，越是善于倾听他人讲话的人，与他人关系就越融洽。

如果你不信，可以看看周围的人，那些受别人欢迎的人，是不是总是很耐心地倾听对方的谈话？

我的一位男性朋友，非常受人欢迎，很多人对他的评价都是“有魅力”，他是怎么做到的呢？

他在听别人讲话时，从不抢话、插嘴，还会不时地点头，对对方所讲的话表示认可。有时，对方说着说着就停顿了，他会问“然后呢”，来引导对方讲下去。

如果你也想成为这样的人，那就学会倾听，做个虔诚的听众吧。学会倾听，是接纳别人的开端，谁都有一些值得称道的或烦恼的事，且急于找人诉说，这时你只要专注地听，不急不躁，给予赞许的点头、微笑，对方就会感到十分愉快，进而喜欢上你。

腰板直，眼睛直视对方

一个男孩曾苦恼地对我说：“我在班上一点儿也不受欢迎，真不知道为什么？”

我决定帮帮他，于是，我找了好几个他班上的同学，他们都这样回答我："他和我们说话的时候总是弓着腰，眼睛从来不敢直视我们，一点儿自信都没有，谁愿意和这样的人交朋友啊?"

孩子，听到这样的话，你是否从中受到点儿启发了呢?没错，要成为一个受欢迎的人，在与对方交流的时候，就要挺直腰板，眼睛直视对方。腰板直、眼睛直视对方，这是自信的表现，自信的男孩自然更受众人欢迎。

不知道在看电视的时候你注意到没有，那些平时很受大众欢迎的明星在参加节目或是召开记者见面会时，总是挺直着腰板，眼睛直视着主持人或记者，从某种意义上来讲，这一小小的细节成功地为他们获得别人的欢迎增添了砝码。

现在你知道怎么做了吧，就是这样的，挺直腰板，眼睛直视着对方说话，把你的自信从这一细微的动作中透露出来，传达给对方。

给你一些过来人的经验

一个不注重个人形象，每天邋里邋遢，且全身散发着异味的人，往往得不到别人的喜欢。

越是善于倾听他人讲话的人，与他人关系就越融洽。

腰板直，眼睛直视对方是自信的表现，自信的人自然更受众人欢迎。

10 待人接物不卑不亢

你的变化

“‘为什么朋友们总瞧不起我呢?’‘为什么隔壁的邻居对我没有从前那么热情了呢?’‘为什么老师最近总说我没礼貌呢?’……当你发出这样的疑问时，我想告诉你的是：在待人接物问题上，我们必须遵循一定的原则。”

一位大学刚毕业的男孩向我讲了他的求职遭遇：

前一阵子，他向一家心仪已久的文化公司投递了求职简历，却迟迟没有回音。无奈之下，他决定打电话询问，不料竟被告知，公司今年不招应届生。明明有用人需求，却为何独独排斥应届大学生，难道自己遭遇了职场歧视，他感到百思不得其解。

这到底是为什么呢，我也感到很疑惑。我有几个当老板的朋友，当我把这件蹊跷的事情转述给他们听后，他们给我解了惑。其中一个朋友是这样说的：

现在的年轻人非常不得了，见了领导不打招呼，挤电梯时装作不认识把老总挤出去，而受到一点儿批评，就冲到老总办公室吵闹。一次我和两个年轻人乘火车到外地出差，一个年轻人抢先占了靠车窗的座位，然后把杯子递出来，让我帮他泡茶；而另一个得知下车后可以放半天假时，竟连招呼也不打就开溜了，留下我将带过去的产品搬到宾馆。受过高等教育的大学生待人接物如此幼稚，我一气之下指示人事部门，在现在的年轻人“改造”好之前，不再招收应届大学生。

听了朋友的话，我特意到招聘会做了一番调查，发现现在有很多应届毕业生确实不是很懂礼貌，例如：

有的挤到招聘席前，高举简历，大声叫嚷：“喂，收一下我的应聘资料”。

有的则用生硬的语言对招聘人员说：“某某岗位有什么待遇”“不录取就把我的简历退给我”。

还有的应聘时单手递简历，单手接登记表，回答问题时左顾右盼，应聘结束后立即转身离开，连声“谢谢”都没说。

无一例外，我看到这些人最后都灰头土脸地离开了招聘会。

孩子，也许你会在心里想，为什么要和你讲这些，这关你什么事？从表面上看这确实和你无关，但实际上和你关系可大了。

先想想看，为什么这些大学生会遭到用人单位的拒绝呢，是他们能力不行吗？不是的，通过例子可以看到，能力不是最重要的，礼仪才是用人单位最看重的地方。

的确如此，在职场中，礼仪往往决定了一个人的发展前景。一个懂礼貌、举止得当的人肯定会得到领导、同事的认可。反之，任何一个人都不会喜欢无礼的同事，任何一个求发展的公司也不愿意招聘这样的员工。

其实不仅是职场，在任何一个领域，在平时的生活中，礼仪对于每个人来说都很重要。不妨试想一下，如果一个人对你颐指气使，你会喜欢他吗？再看看身边的人，那些不懂礼貌的人，能受到别人的欢迎吗？不用想也知道，答案肯定是否定的。

孩子，总有一天你要走进社会，要像那些大学生一样去求职，你希望具备工作能力的你因为礼仪问题而被用人单位拒绝吗？相信你肯定不愿意看到这样的结果。所以，现在我们就要给你讲讲，如何学会待人接物这门重要的人生学问。其实，这样做不光是为了将来你能够拥有良好的发展前景，也为了现在你能和周围的人处好关系。

那么，待人接物怎样才是最得体的呢？最高的境界是不卑不亢。

如何理解不卑不亢呢？卑：低、自卑；亢：高傲。这个词形容人说话办事有恰当的分寸，既不低声下气，也不傲慢自大。要做到这点，就要求你与人交往的时候要掌握这样一个度：**不能颐指气使，也不能低声下气，显得过于卑微。**具体而言，你可以参照以下两点。

不卑微——绝不对任何人低声下气

战国时代的孟子说："富贵不能淫，贫贱不能移，威武不能屈，此之谓大丈夫。"意思是说，高官厚禄收买不了，贫穷困苦折磨不了，强暴武力威胁不了，这就是所谓的大丈夫。

孟子的这几句话就告诉你，作为男人，就要拥有这样的气节：做人不能太卑微，要有骨气，绝不对任何人低声下气。

曾看过一个电视片，里面的男主人公给我留下了深刻的印象：

他对身边的很多人，如妻子、朋友、长辈、上司，总是一副低声下气的样子，声音唯唯诺诺，行为举止卑躬屈膝，生怕得罪别人一样，结果周围的人一个个都瞧不起他，背地里喊他是"窝囊废"。

为什么周围的人都瞧不起这个男人呢？因为他太卑微，给人一种没有自信心、底气不足的感觉，而这种卑微的人自然很难得到别人的尊重。

有句话说得好，如果你自己都瞧不起自己，别人怎么会瞧得上你呢。所以，做人一定要堂堂正正、理直气壮，绝不能对任何人低声下气，一旦你自己都对自己没有信心，先觉得没有底气，那么你不但不会赢得什么，反而会让别人更加厌恶你，觉得你没骨气，好欺负。

不傲慢无礼——尊重身边的每一个人

周末下午，我走在路上的时候看到前面有人在围观，走近一看，原来是一个十几岁的男孩在辱骂一位四十多岁的清洁工：

男孩（恶狠狠地）：你这人没长眼啊！

清洁工（惊恐万分）：对不起，我不是故意的。

男孩（不依不饶）：说对不起就可以啦，看你把我衣服弄得多脏，这可是名牌，上千元呢，你买得起吗？

清洁工（低下了头）：我……

围观的人越来越多，有些年长的人看不过去，打断男孩的话并批评他无礼，男孩见情况不妙，丢下一句“跟一个大街上打扫卫生的老东西吵嘴，玷污我的身份”后，灰溜溜地离开了。

孩子，不妨对照着想想，你是否也曾这样无礼地对待过别人呢？不管有没有，我们都希望你能在待人接物上做到：**不傲慢无礼，尊重身边的每一个人。**

而要做到尊重他人，首先必须平等地对待每一个人，这就要求你在社会交往中，不管彼此之间的社会地位和生活条件有多大的差别，都一视同仁。心理学研究表明，人都有受尊敬的欲望，如果你能以平等的姿态与人沟通，对方会觉得受到尊重，而对你产生好感；与之相反，如果你自觉高人一等，居高临下，盛气凌人地与人说话，对方会感到自尊受到了伤害而拒绝与你交往。

中国曾有“君子不失足于人，不失色于人，不失口于人”的古训，意思是说：有道德的人待人接物应该彬彬有礼，态度不能粗暴傲慢，更不能出言不逊。诗经上也说：“谦谦君子，赐我百朋。”只有懂得礼仪的人才能获得更多的朋友。孩子，希望你能把这些牢记心中，作为你待人接物的标准。

给你一些过来人的经验

待人接物的最高境界是不卑不亢，要做到这一点，就要求你与人交往的时候掌握这样一个度：不能颐指气使，也不能低声下气，显得过于卑微。

对任何人都低声下气的人会被别人看不起，得不到别人的尊重。

在人际交往中，如果你能以平等的姿态与人沟通，对方会觉得受到尊重，进而对你产生好感。

第五章

关于未来，你需要思考一些问题了

在你自己的人生道路上，你所要做的不是在父母的荫庇下无度挥霍，而是要走出自己的人生轨迹，谱写自己的独特一笔。

“理想”已不仅仅是简单的两个字，而是会影响你一生的信念。

只有踏踏实实把握住事情的每一个细小环节，并切实地去做好这些小事，才可能成功。

1 这是你自己的人生

你的变化

“在你小的时候，你会仰着小脸天真地告诉我们，你长大以后想要成为一个什么样的人；在你小的时候，你会缠着我们向我们诉说，你想要做出怎样的成绩，像某某一样……但是现在你茫然了，你彷徨了，你不知道自己的人生到底该驶向哪个方向……”

前段时间曾在电视上看到过这样一则报道：

一位青春期的男孩背着父母和社会上一些不良少年交往，开始学坏，逃学翘课、打架斗殴，甚至藏毒。父母为孩子操碎了心，打也打过，骂也骂过，劝也劝过，可孩子不仅不改，反而是变本加厉。

结果，这个男孩在一次和别人的争斗中将别人打得重伤住院，被对方的家长以故意伤害罪起诉，小小年纪便进了少管所。

他的父母伤心欲绝，既为自己做父母的失职，又为孩子在人生道路上犯下的无可挽回的错误……

看到电视上为了孩子泪流满面的父母，我的心里也堵得难受。

天下哪个父母不爱自己的孩子，哪个父母不想要自己的孩子优秀？但是，我们却不得不面对这样一个事实：无论父母如何努力，父母想要你优秀的愿望如何强烈，都不能代替你自己的意愿。

你的人生道路，是你自己的选择，没有人能替你做主。父母不可能盯你一辈子，也不可能时时刻刻陪着你。很多时候，很多事情，都需要你自己有一个价值衡量，都需要你自己来做出判断和努力。

或许，你出生于富裕之家，吃穿不愁，所以，你不懂得为生活和未来规划；或许，你天资聪颖，不用做出很多努力就能取得让人羡慕的成绩，所以，现在的你养成了骄纵的脾气。

可是，我的孩子，当你逐渐在人生的道路上迷失方向时，你可曾想过，今后你到底想要怎样的生活？是含糊度日，碌碌无为地过一辈子，还是光芒绽放，为实现自己的人生价值而不懈努力？

所以，孩子，在你面对人生的一些选择时，我们希望你可以参考下面三点：

千万不要有依靠父母的想法

暑假的时候，一个远房亲戚家的男孩来我家做客。在近一个月的相处中，我发现这个男孩花钱大手大脚、言语傲慢无礼。

在这期间，我们有过这样一番对话：

“你现在花钱大手大脚，以后自己生活了，自己能养活自己吗？”我故意问得一本正经。

“反正我爸爸妈妈挣的钱多，我花一辈子都花不完，现在想那么多干吗！”孩子有些洋洋自得地回答。

不能否认，生活中很多男孩身上都存在着这个问题：认为自己家庭条件好，认为父母有能力，自己就不需要再费劲儿追求些什么了。

我的孩子，如果你有这样的想法，我就不得不告诉你：你的想法是非常有害并且危险的。

一个人的心里一旦有了依靠他人的想法，就会变得懒惰和不思进取。

一个懒惰的人，也就没有激情去应对生活中的种种困难；一个不思进取的人，也就很难要求自己追求更大的成就。

父母的能力有多强，父母创造了多少财富，那都是父母人生路上的风景，你可以欣赏，但那些风景却终究不是属于你的。

只有通过自己的努力，自己去拼搏，自己奋斗过，自己赢得了一定的成就，才能算是没有虚度自己的人生。

香港富商李嘉诚之子李泽钜、李泽楷出国留学时的一段经历就很好地说明了这一点：

当李泽钜15岁、李泽楷13岁的时候，李嘉诚决定送他们出国读书。

小哥俩在美国开始了独立生活的第一个篇章。除了学习，他们要面对的第一件事情就是做饭。为了解决一日三餐的问题，小哥俩开始跟电视上一个专门教做菜的节目学习，不到一个月的时间，他们就学会了几道风味菜的做法，然后开始生活得像模像样了。

在照顾好自己的生活后，小哥俩利用学习之余积极寻找打工的机会，交通工具就是一人一辆单车。有些熟悉他们的朋友知道他们在打工，还不开跑车而是骑单车，不免感到诧异："你们的父亲是亚洲的大富豪，为什么还要这么辛苦？"哥俩相视而笑，耸耸肩回答："那又怎样！"

"那又怎样！"多么简单却有力的回答！即使你的父母有金山银山，那终究是父母人生中的收获。在你自己的人生道路上，你所要做的不是在父母的荫庇下无度挥霍，而是要走出自己的人生轨迹，谱写自己独特的一笔。

这是你自己的人生，请活出属于你的精彩！

千万不要有好运自动来临的奢望

前段时间下班回家，在路上遇到几个中学生一边走一边侃侃而谈，其中有人这样感叹：

我真是背啊！做什么事情都不能如愿，为什么好运从来就不肯眷顾我呢？

我也一样，都说“风水轮流转，明年到我家”，怎么着也该转到我这儿了呀？

运气真不好，这次又考了不及格！

听几个孩子说得一本正经，我倒有些忍俊不禁：人生之事能全部靠运气吗？只怕不能。

常言道：“事在人为。”你是成功还是失败，是优秀还是默默无闻，大多时候和你自身的努力有关，运气只占了极少的一部分而已。这就像《守株待兔》的故事一样，兔子撞到你的面前只是偶然，如果你守着一次偶然便不思进取，就会慢慢变得意志消沉，最终一无所成。

天上不会掉馅饼，天下也没有免费的午餐。想要取得成绩，想要赢得幸福，就必须付出努力和汗水。

千万不要有“人的命天注定”的思想

和朋友一起上街的时候，看到一个小乞丐，年纪轻轻却以乞讨为生，为此，我曾好奇地问他：“你还这么年轻，有力气、有时间，为什么你不去工作，却要做乞丐呢？”

小乞丐露出一副无可奈何的神色，叹了口气：“人的命天注定，这是我的命啊！”

听到小乞丐说出这样的话，我心里五味杂陈。小乞丐为什么会说出这样的话，我不想去深究。我只想问问你，你是否也有着“人的命天注定”的思想？

如果没有，那是最好，如果有的话，我就要提醒你：你错了，错得很严重，很彻底！

古往今来多少成功人士，都曾这样告诫自己：**命运掌握在自己手中，只有自己才是命运的主人。**

著名钢琴家贝多芬就是自主谱写人生的典型：

贝多芬26岁时听力衰退，晚年失聪，只能通过辅助方式与人交谈。但孤寂的生活并没有使他沉默和隐退，他反而怀着极大的创作热情，写下不朽名作《第三交响曲》（英雄）、《第五交响曲》（命运）、《第六交响曲》（田园）、《第九交响曲》（合唱）。

如果贝多芬在双耳失聪的时候选择认命，选择放弃，我们也就不可能听到这些让全世界为之惊叹的交响曲。

成功的人决不放弃，放弃的人绝不成功。

没有人能主宰你的命运，除了你自己。

说了这么多，我的孩子，你是不是有所领悟了呢？是的话，那很好。恭喜你，我的孩子，你的内心还渴望着改变，还渴望着优秀。那么，从现在开始好好努力，为自己的人生去奋斗吧！

给你一些过来人的经验

你的人生道路，是你自己的选择，没有人能替你做主。
没有人能主宰你的命运，除了你自己。

2 关于理想和未来

你的变化

“以前，你经常会这样说：‘以后我要做警察’‘以后我要当老师’‘长大后我要做工程师’；现在，你变得沉默寡言了，曾经的豪言壮志好像也一下子烟消云散了，你不再提起那些让你兴奋不已的理想，不再向我们诉说对未来的展望……”

在你小的时候，如果父母问你：“你长大后要做什么？”

你往往会仰着小脸一脸兴奋地告诉我们你所构想的宏伟蓝图。然而，随着你慢慢长大，那些曾经陪伴了你无数个日夜的伟大梦想转瞬间也成了镜花水月，变得如此的虚幻和朦胧。

关于理想这个话题，我曾对一所中学初中二年级的学生进行过一次调查，在全年级400多人的问卷调查中，能够清楚地回答出自己以后想要做什么，并对未来有清楚规划的孩子不超过全年级的十分之一。

看到这个结果的时候，我沉思了很久，是什么让你的理想渐渐变得模糊不清？是什么导致你在成长的过程中失去了前进的方向？

和一位青春期孩子的聊天过程中，我找到了答案：

曾经一度，我想成为一名优秀的作家。为了实现自己的梦想，我一直在不断地努力，看很多的书，让自己的视野能够更广、更宽。但让我感到失望的是，我的写作能力却一直都提不上去。渐渐地，我感到失望，感到无助，觉得坚持下去是一件很困难的事情，尤其是看到身边的同学玩得那么开心、那么痛快，一点儿都不必为了所谓的理想而苦恼。大家都是同龄人，我为什么要活得这么累，这么苦呢？

后来，我渐渐加入到了他们的队伍当中去，渐渐变得放纵了，理想也就离我越来越远了。

的确，当你对理想的设定太高或者不适合自己的时候，难免就会在追逐理想的过程中遭受到挫折和失败的打击，难免就会生出无能为力之感，这个时候你会退却，会迟疑甚至是放弃，都是非常正常的事情。

但是孩子，你应该明白，在你人生的道路上，“理想”已不仅仅是简单的两个字，而是会影响你一生的信念。没有理想的人，在前进的过程中就会彷徨和迷茫，就会蹉跎光阴、虚度年华。

就是因为这样，懂得如何合理规划自己的理想，设想自己的未来，在你这个年龄阶段就显得至关重要。

理想是什么

（1）理想是动力

如果我问：“理想是什么？”

相信你会给出这样的答案：

理想是灯塔，指引我前进的方向！

理想是让我感到热血沸腾的一种魔力！

理想是不断激励我坚持下去的益友！

不错，理想就是潜伏于我们内心深处的一种向往、一种动力，一种持久的心灵力量。

拥有了理想，你前进的脚步就能轻快很多；拥有了理想，你的生活才不会索然无味。

生活中，很多抱怨做事无趣、生活无趣，对一切都不感兴趣的男孩，多是内心缺乏了这种理想的力量。缺少了理想的男孩，做事也就缺乏内在的、可持续的动力。

这样的男孩做事没有毅力、没有激情，也就不可能会全身心地投入一件事情。从这个意义上说，一个做事缺少动力的男孩也很难在未来赢得成功。

（2）理想是对未来的愿景

在和一位成功考上重点大学的孩子聊天时，他曾说过这样一段话：

高考那段时光是艰苦和黑暗的，每天都要拿出200%的努力来学习。有时候，我真有种不想学的冲动，但是一想到我这些付出会迎来美好的未来，一想到我会在重点大学的校园里读书、漫步，一想到我会因为在重点大学中受到的优良教育离我的科学梦更近一步，我就会继续坚持下去……

的确，理想就是你对未来的愿景，就是你在大脑中描绘的未来蓝图。在这种愿景的刺激下，你就能够积极克服成长道路上的困难和挫折，就能够在失败后坚强地爬起来。

拥有理想，拥有对未来的愿景，你也就能在前进的道路上获得更多的动力和勇气。

寻找自己的理想

（1）从自己的爱好中挖理想

在和身边很多孩子谈到理想的时候，总会有孩子表示这样的困惑：“小的时候，我想要当一名让人尊敬的教师；稍微大一些，我又想当一名工程师；现在，我又想当一名法官……我的理想总是变幻不定，这该怎么办呢？”

不错，对于10～18岁年龄阶段的你来说，正是想法层出不穷、诡异多变的时候，可能这一刻你还信誓旦旦地想要成为一名人民警察，下一刻你却已经为自己的理想感到迷茫了。

其实，你之所以会出现这样的情况，就是在于你所谓的理想都是一时的突发奇想，没有一定的依据，也就难有让你坚持下去的动力。

对此，我给你一个这样的建议，在为自己选择理想时，考虑这样三个问题：

我最喜欢做什么？

我最擅长做什么？

什么职业能与我的爱好挂钩？

相信你心里对每一个问题都会有一个非常具体的答案。比如，你可能喜欢电脑技术；你可能擅长数学计算；你可能具备写作天赋。

从自己的爱好中挖掘理想，这样，在你实现理想的过程中就不会感觉到累和无趣，进而，也就能够长久地坚持下去。

（2）脚踏实地，清楚实现理想的步骤

任何一个理想的实现都需要有一个过程，想要一蹴而就是不大可能的事情。

只有清楚自己在每个阶段要做什么事情，在追求理想的过程中才会坚持不懈，不会因为自己所付出的辛苦没有得到回报而灰心丧气。

关于这一点，“新东方教父”俞敏洪的奋斗经历为大家做出了很好的诠释：

在我做事的时候，我一般都会问自己两个问题：一是做这件事情的目标是什么。第二个问题是需要多少努力才能够把这件事情做成。之后就要有足够的耐心，因为罗马不是一天建成的。

我生命中的三件事证明了这一思路的好处。

第一件是我的高考，目标明确：要上大学，第一第二年我都没考上，第三年我继续拼命努力，终于进了北大。

第二件是我背单词，目标明确：成为中国最好的英语词汇老师之一。于是，我开始一个一个单词地背，最后我终于背下了两三万个单词，成了一名不错的词汇老师。

第三件事是我做新东方，目标明确：要做成中国最好的英语培训机构之一。然后，我就开始给学生上课，平均每天给学生上六到十个小时的课，很多老师倒下了或放弃了，我没有放弃，十几年如一日。到今天为止，我还在努力着，并已经看到了新东方办得越来越好。

脚踏实地，清楚实现理想的步骤，那么你距离成功就会越来越近，就能够做到在实现理想的道路上心中有数，进而勇敢地面对追求理想过程中所遭遇的挫折和困惑。

（3）多和优秀的人接触

一位成功实现自己理想的男孩在谈到自己的经历时，这样说道：

其实，在我小的时候，也没有什么明确的理想，整天就知道玩。但是，一次偶然的机会，我和读大学的表哥有了一段时间的接触。和表哥在一起的日子里，我每天都能看到表哥用功努力的身影。对此，我曾经问过表哥：“为什么要把自己弄得这样辛苦呢?”表哥告诉我:“想要实现自己的理想，想要成功，就要为之努力。”

后来，表哥真的取得了很大的成就。表哥的经历，让我也开始重新审视自己，自己到底想要成为什么样的人呢？我的理想又是什么？

在不断的思考过程中，我终于确定了自己的方向和目标，并一直在努力，这才有了今天的成绩。

俗话说："近朱者赤，近墨者黑。"在你寻找理想和实现理想的过程中同样也是如此，如果你多多接触优秀、出色的人，那么无论是你的精神境界还是观念都会相应地得到一定的提升和触动。这对你寻找理想、实现理想往往有着极大的促进和激励作用。

设想自己的未来吧

一次偶然的机会，在街上遇到了阔别多年的老友，在谈到这些年的经历时，老友自豪地感叹了一声："要说这些年我真正收获了什么，那就是我在10年前给自己规划的蓝图实现了——找了一个温柔贤惠的妻子，养育了一双漂亮可爱的儿女，买了市中心的一套房子……"

听着朋友侃侃而谈，看着朋友一脸笑意，我似乎也感觉到了他的幸福。

这种感觉你是否也曾体味过呢？给自己设定一个目标，朝着这个目标努力，并最终得以实现，那份自豪与喜悦，常常是言语所不能表达的。

关于未来的设想，你也可以向我的这位朋友学学，给自己勾画一个美好的蓝图。

想象一下若干年后，你会成为一个什么样的人？

想象一下若干年后，你会取得什么样的成绩？

时时用这个构想来激励自己，时时用这些问题来鞭策自己，朝着既定的目标努力，你的身上就会充满着激情和动力。当你将自己勾画的蓝图变成现实的时候，你会发现，生活是如此美好，世界是如此美丽，你奋斗的过程是如此的精彩和有意义。

给你一些过来人的经验

在人生的道路上，“理想”已不仅仅是简单的两个字，而是会影响你一生的信念。

理想就是潜伏于我们内心深处的一种向往、一种动力，一种持久的心灵力量。

给自己勾画一个美好的未来：想象一下若干年后，会成为什么样的人，会取得什么样的成绩？当你这么做的时候，就能充满激情和活力。

3 我将从事何种职业

你的变化

“随着你慢慢长大，你开始关注外面的世界，开始羡慕别人的豪车、豪宅；开始羡慕别人的显赫地位；开始羡慕别人优越的生活条件和工作环境。你常常会想，我以后能做什么？我以后是不是也会像他们一样风光……”

望着别人一身光鲜地进出高大的办公楼，望着别人阔绰地出手购买奢侈的消费品，望着别人在职场谈笑风生……你心动了，你的小脑袋里开始有了诸多的幻想，你小小的心里也开始躁动不安：你幻想着走出校门，去外面闯荡闯荡；幻想着自己能够像别人一样在社会上混得如鱼得水，做出一番丰功伟业。

于是，你向我们提出了抗议：

我想出去闯闯，不想读书了。

你就让我去工作吧，我也能像爸爸一样挣钱！

外面的世界好精彩，我不想在学校待下去了！

面对你这样的表现，父母开始慌了，我们不知道该怎么告诉你，你的想法是多么的天真和不切实际。

或许，你会对父母的说法提出质疑和不屑，认为我们小看了你。

其实，不是的。我的孩子，父母这样说，并不是毫无缘由地否定你，而是有一定事实依据的。像你这样的情况，父母在电视或者报纸上看到的太多，那些像你一样懵懂和天真的孩子，在背着父母踏上社会之后，无一例外都吃了很多苦，受了很多累。父母害怕你也会受到这样的伤害。

父母也曾从你这个年龄阶段走过，你们渴望新鲜、渴望尝试和改变的心情，我们了解。父母也并非不通情达理，你想要尝试，我们可以让你尝试，但是前提是不能耽误学习。

正因为如此，我给你提出了这样几点建议，希望能够对你有所帮助：

利用暑假，尝试去打工吧

暑假的时候，你不妨试着去打一份工，亲身接受社会的磨砺，相信在这个过程中，你会有意想不到的收获。

我所熟悉的一位高中男孩就是这样做的：

平时我总是觉得外面的世界自由精彩，比学校好。暑假的时候，我跟爸爸妈妈说想要体验一下社会生活，爸爸妈妈同意了。

因为我只是一名在校高中生，不能找到一些技术含量高的工作。于是，只好在一家快餐店里做了侍应生。每天店里的生意都很好，我需要不断地跑来跑去，一天下来，我觉得一双腿几乎都不再属于自己了。整整一个暑假，我都在快餐店里帮忙，真正体味到了工作的辛苦……原来很多时候，工作也并非像我想象的那么简单。

看看，这位男孩的做法是不是就聪明很多呢？利用暑假时间去打工尝试一下，既不会耽误学习，又能积累一定的社会经验，从而对各种职业有一定的认知，为今后走出校门，步入社会打下实践基础。

如果你依然还对外面的世界充满好奇，不妨一试！

看看别人都在干什么

我的一位年轻的朋友就这样说：

为了给以后参加工作做好准备，我时常会注意身边的人都在做些什么，然后看一看，他们所从事的行业，是否是我所中意的。他们所从事的工作，我以后是不是也能干得来。如果是我中意的行业，我就会主动去和他们交流一下，从他们的口中得知，以后想要从事这项工作的话，从现在开始我需要做哪些准备。

事实证明，我这样做不仅让我在学习中的劲头更足了，今后的职业方向也更明确了，本来想要闯荡社会的躁动的心，也平静了很多。

如果你也对自己今后从事何种职业感到迷茫，不妨向我这位年轻的朋友学一学，和身边有经验的人多交流一下，能让你在职业选择的道路上少走很多冤枉路。

给你一些过来人的经验

利用暑假，你不妨试着去打一份工，亲身接受社会的磨砺，相信在这个过程中，你会有意想不到的收获。

和身边有经验的人多交流一下，能让你在职业选择的道路上，少走很多冤枉路。

4 激情很重要，但更重要的是脚踏实地

你的变化

“你不再安于自己的小屋规规矩矩地完成每一天的任务，你不再认认真真对待每一件事情。你开始变得冲劲儿十足，激情洋溢，你跟我们大谈你的理想抱负，你常常会对某件事情只有三分钟热度……”

实际生活中，你常常会有这样的体会，当你偶然遇到了什么事情，引起了你的共鸣和兴趣，你往往就会不知疲惫地投入到这件事情当中去；当你看到一些振奋人心的东西或者一些让你热血沸腾的画面，你常常又会精神亢奋、心潮澎湃……

看着你忽然之间像是注射了兴奋剂似的活跃和振奋，父母在为你的改变感到开心的同时，却又有一些深深的隐忧。

做事富有激情固然是好的，但若是你这份激情处理不当，转变成一种做事浮躁的心理，最后很可能就会一事无成。

我同事家的孩子就给大家提供了这样的教训：

同事家的儿子小军是初中一年级的学生，前一段时间，一回家就向同事宣布，学校选拔校体队队员，自己要参加选拔。自从宣布这个消息之后，小军好像忽然之间就变了个人似的，以前总是赖床的他，每天早上起来就跑出去锻炼身体，那股劲头，真是没人能比得了。然而，好景不长，这样坚持没几天，小军就开始心浮气躁，懒散懈怠起来。最后，他也就没能如愿进入校体队。

仔细回忆一下，在你的成长过程中，是否也犯过类似的错误？因为某件事情引起了你想要奋斗的欲望，进而开始朝着自己设定的目标努力，但是因为不能坚持，最后功亏一篑；因为某件事情让你感到了震撼，你的精神开始振奋不已，总是不能让自己的思绪平稳下来，进而导致在做事的时候情绪激动，错误频出。

激情是一把双刃剑，既能让你做出不凡的成绩，又能在无形中对你造成伤害，如何趋利避害，就需要你对激情有个正确的认识。

保持适度激情

在看到激情对于你积极影响的同时，你还应该意识到这样一点：一旦激情过了度，可能就不是什么好事了。

这种例子在生活中非常普遍：比如说，很多男孩都喜欢看世界杯、看 NBA，甚至为了看球而精神高亢、兴奋过度。结果是晚上不睡觉，白天打瞌睡，影响了学习生活不说，身体健康也受到了极大的影响。

正是因为如此，我们才会一遍又一遍地在你的耳边强调：**激情不是不能要，而是要适度。**

从细节入手，做个细致的人

现实生活中，很多年轻人都很富有激情，但激情并不意味着成功。

在我认识的年轻人当中，就有很多做事一团火的人，但他们之中却很少有人能取得成功。

对此，你或许会感到意外，这是为什么呢？

其实，原因就在于这些人激情虽盛，行动却有些不务实际，只想到要成功，而没想如何成功。

比如说，你想成为一个出色的画家，你需要做的不是拿起画笔就开始漫无目的地画，而是需要先掌握一定的绘画技巧；比如说，你想制作一架航天模型，你需要做的不是拿起零件就开始东拼西凑，而是要对整个模型的各个部分有一个清楚的了解，对模型的整体构造心中有数。

不懂得从细节入手，一上来就想成功，是不可能的，这就像小孩子没学会走路就想跑一样不切实际。

说到这里，我的孩子，你是不是已经有所领悟了呢？拥有激情虽是好事，但若是行动不得法、好高骛远，不仅不能做出成绩，反而会在做事的过程中，将满腔的激情消磨殆尽。

所以，孩子，将你的激情冷却一下，好好想一想行动的每一个细节，做一个细致的人，你成功的几率就会比别人高很多。

从小事入手，做一个踏踏实实的人

拥有了适度的激情，掌握了做事的每一个细节，下一步你要做的，就是把这些付诸实践，从小事入手，一步一步接近目标，踏踏实实去实现。

关于此，一位畅销书作家这样谈起自己的写作经验：

写作是一项需要激情的事业，如果没有激情，就很难长久地坚持下去。然而，有时候想要写出一本含金量高的书，光有激情是不够的。

为了写出的东西更真实，我常常会去亲身经历和体会一些事情；为了写出的东西更丰富和有内涵，我常常会查阅很多相关的书籍和资料。

写作是一个繁琐而漫长的过程，在这个过程中，需要作者做很多细碎的小事，如果光凭着一开始的激情就匆匆下笔，或者只是想到了要做哪些事情却不付诸实际，就无法创作出好的作品。

的确，任何人想要赢得成功，都不是单靠一股冲劲儿就可以的。只有踏踏实实把握住成功的每一个细小环节，并切实地去做好这些小事，做好事情的每一个步骤，做好事情的每一个环节，才能顺利做成某件事情。

对于青春期的你来说，怎么才能做到踏踏实实呢？

我帮你总结了这样几点：

清楚地知道自己能做什么。

知道自己的每一天怎么过才充实。

知道自己如何顺利完成既定的任务。

从每一天、每一件小事、每一个环节和步骤做起，你就会发现，你离自己想要的目标越来越近，离成功也越来越近了。

给你一些过来人的经验

激情是一把双刃剑，既能让你做出不凡的成绩，又能在无形中对你造成伤害。

只有踏踏实实把握住成功的每一个细小环节，并切实地去做好这些小事，才可能顺利做成某件事情。

5 保持积极进取之心

你的变化

“以前，你常常会因为自己不能考到第一名而气恼不已，可现在，你对成绩却渐渐有些麻木了；以前，你常常会因为别人某些方面优秀或突出，而心里不服，气鼓鼓地宣布：‘我以后一定比他强。’可现在，你变得不是很在意别人比你出众……”

在一所中学考察时，一位老师跟我说起自己的学生：

现在这些孩子，也不知道到底在想些什么，怎么那么容易自满，考试成绩好一点儿就沾沾自喜，考试成绩差一点儿也不知道努力。就拿我班上的一个男生来说，本来挺聪明一个孩子，只要稍微努努力，考上重点高中应该是没问题的。为这事儿，我跟这男孩谈了好几次话，可他就是不把我的话当回事，照样舍混度日。结果，中考过后，这孩子就差那么几分没考上重点高中。

听着这位老师一脸惋惜地说起自己的学生，我的心情也开始变得沉重起来。不能否认，当你渐渐步入青春期，当你渐渐长大，曾经在你身上表现出来的那份争强好胜好像忽然之间就消失得无影无踪了。你或许变得安于现状，你或许变得不思进取，你或许变得懒散和容易满足……

或许，对此你会这样说：

我现在不是挺好吗？追求那么多干吗？

有吃有喝就够了，我为什么要那么辛苦地工作呢？

很多人都说我不思进取，取得一点儿小成绩就沾沾自喜。我看是他们不懂得生活才对！

孩子，你的这些话让父母很担心，我们害怕你在这种心态的影响下变得越来越懒惰、越来越贪图安逸。你还年轻，如果现在就有这种心态，以后还怎么能够赢得更加辉煌的未来？

俗话说："人往高处走，水往低处流。"每个人都不应该安于平凡的生活和现状，每个人都应该有更高的追求和目标。风华正茂的你，也不应该碌碌无为，就此甘于平庸。

每次，都和你前面的四五名比一比

在和青春期男孩交往过程中，曾有人问过我，如何才能让自己具有强烈的上进心？其实，这个问题很好回答，多和身边优秀的人比一比，找出自己和他们之间的差距，试着慢慢去缩小这种差距，在你为了超越他人而不断努力的时候，上进心也就自然而然地产生了。

一位尝试过这个方法的男孩这样感慨：

我以前真不知道和别人竞争是这么有意思的一件事情。每当我卯足了劲儿追赶一些比我优秀的人时，我就觉得学习似乎也不再是那么困难的事情，我就能够清楚地找到我与别人之间的差距到底在哪里——可能是方法上我不如他们，可能是努力程度上我不如他们。

找到了差距所在，我就会督促自己不断地去超越……当我超过设定的对手时，我就会觉得非常的欣慰和开心，想要和他人一较高下的心情也就更浓了。

良性的竞争，正是激发人们上进的最大助推器。在学习生活当中，为自己设定一个明确的竞争对手，为了超越这些对手不懈地去努力，你就会发现，这个超越的过程是如此美丽和精彩。

当然，在你设定竞争对手的时候，还需要注意这样一点：**在一开始和别人比较的时候，你所设定的对手一定不能太强。**以学习上的竞争为例，最好以超越自己前面的四五名为宜。

家里条件越好，越要努力进取

如果我问你，什么样的人最容易没有进取心，相信大家心里都很清楚：家里条件好、吃穿不愁的人。

的确，在日常与一些青春期男孩接触的过程中，我也发现了这个现象：很多家里生活条件好的孩子，吃要吃得好，穿要穿名牌，出入车接送，似乎一点儿也不必为了今后的生活和未来担忧。

也正是因为这些先天的优越条件，很多孩子陷入了这温柔的陷阱里，失去了进取之心和拼搏的动力。或许，你也正是这其中的一员。

但是孩子，你有没有想过，如果因为先天条件优越就开始不思进取，坐吃山空，你的未来会是什么样子？想必是一片苍白，没有任何价值和意义。

家里条件好，就不需要努力了吗？在我看来，并非如此。

在某种程度上，家庭条件好是你的一种天赋优势，是你应该比他人更优秀的有利资本。

为什么这么说呢？

我的一位年轻朋友的做法，给大家提供了借鉴：

在我们居住的小区，我的父母是出了名的能人，从小我的家庭生活条件就很好，吃穿住用从来都不用我担心。但是，我却并没有因此变得安于现状，而是不断地问自己：我的未来，会超越我的父母吗？

因为父母给我提供了很好的榜样，我一直都以父母的成就为标杆努力着，从来不曾仗着自己家里的条件好就懈怠放松，反而更加努力和进取。

与这位年轻的朋友相似，一位初中生男孩在写给父母的信中这样说道：

爸爸妈妈，感谢你们给我提供了最优越的生活条件，感谢你们为我置办的名贵衣服……但是，我更希望，在未来我能凭借自己的力量拥有这一切，我能凭借自己的力量，让你们为我感到骄傲……

把爸爸妈妈的成绩作为自己努力的方向，把超越爸爸妈妈作为自己的目标，那么，就算你的家庭条件很好，你也同样能爆发出积极的进取之心，甚至可能会比别人拥有更强的进取心！

给你一些过来人的经验

人只有有了上进心，才会不断进步，才能赢得更加美好和辉煌的未来。

为自己设定一个明确的竞争对手，为了超越这些对手不懈地去努力，你就会发现，这个超越的过程是如此美丽和精彩。

6 未来，你必须扛起的那些责任

你的变化

“小的时候，你会因为犯了错误而小心翼翼地向我们请求原谅，现在，你开始为自己的错误遮掩，推卸自己的责任……”

在和身边的朋友谈到男人最重要的品质是什么时，很多朋友提到了两个字：责任。

的确，一个缺乏责任感的男人是不可靠的，很难赢得女性的青睐，也很容易遭到男性的轻视；一个缺乏责任感的男人是不敢担当责任的，他很难被委以重任，很难取得骄人的成绩。

我的孩子，你在慢慢长大，在慢慢地蜕变，也在慢慢成熟，今后需要担当责任的时候有很多。如果从现在开始，你就学着推卸责任，不敢担当，还怎么能成为一个伟丈夫、男子汉，还怎么在社会上立足，成就一番事业？

或许，对我所说的这些，你会不以为然，没关系，我们来看一组真实的案例，让事实来说明责任心对人究竟有多重要：

小王和小李是邻居，小王的责任心很强，而小李则没有责任心。

两人在同一年结婚，婚后为了家庭的幸福，小王开始努力工作，不懈努力；而小李仍然是一副“一人吃饱全家不饿”的混世模样。

3 年之后，小王家的生活越来越好，日子蒸蒸日上；而小李家则是越过越艰难，即便妻子努力打拼，日子仍过得捉襟见肘，小李的妻子忍无可忍，一气之下跟小李离了婚。

看到这里，你是否也开始思考一些问题了呢？一个男人，若是没有担当，没有责任感，不仅是对自己的人生不负责任，更可能给他人带来不必要的伤害。这样的人无论到什么时候，无论走到哪里，都不可能活出自己的价值，他的人生也将注定是黯淡无光的。

孩子，你是父母在这个世上最爱的人，我们希望你能有一个锦绣的前程，希望你能有一个美好的未来。

责任，正是一把帮助你开启未来之门的金钥匙，只有学会担当责任，你才可能在未来的道路上走得畅通无阻。

对自己负责

古语有云："修身齐家治国平天下"。意思是说，想要成就大事，就先要修炼自身。责任心的培养也是如此。想要具备极强的责任感就先要从自己身上入手，先对自己负起责任。

这一层意思很好理解，如果一个人连自己都管不好，也就无法承担其他更大的责任。说到这里，你也许会问："我如何才能成为一个对自己负责的男子汉呢？"很简单：对自己的行为负责。

关于这一点，有这样一个颇为经典的故事：

一个 11 岁的美国男孩踢足球时，不小心打碎了邻居家的玻璃。邻居向他索赔 13 美元。那是在 1920 年，当时 13 美元可是一笔不小的数目，足可以买 125 只生蛋的母鸡。男孩没有办法，只好去向父亲承认错误，请求父亲的帮助。然而，父亲却斩钉截铁地说，男孩必须对自己的过失负责。

"我哪有那么多钱赔人家？"男孩非常为难。

"我可以借给你。"父亲拿出 13 美元，"但一年之后你必须还我。”于是，男孩开始了艰苦的打工生活。经过半年的努力，终于挣够了13美元这一“天文数字”，还给了父亲。这个男孩就是日后的美国总统里根。他在回忆这件事时说：“通过自己的努力来承担过失，使我懂得了什么是责任。”

对自己的行为负起责任，并将之当作一种习惯坚持下去，当你步入社会时，就能自然而然地担当起自己的那份责任。

对家庭负责

孩子，你渐渐长大，总有一天，你会拥有属于自己的家，会有爱你的妻子，会有自己的儿女，你需要担当起家庭的责任，需要担当起赡养父母的义务。

如果你没有一定的家庭责任感，家庭生活也就很难温馨和美。家庭责任感如何培养？从现在开始，要自觉地承担一定的家庭责任。

或许，你不能像爸爸一样为这个家的生计奔波，但是，你可以帮妈妈收拾屋子，帮妈妈修理一些家具。

或许，你不能像妈妈一样将整个家收拾得井井有条，但是，你可以帮助爸爸擦擦鞋子、帮爸爸整理桌案。

或许，你不能左右父母在某些方面的投资和花销，但是，你至少可以提出自己的意见和想法，参与到家庭活动中来。

你做的事情，不一定非要惊天动地，把自己当成家庭的主人翁，真正参与进去，你的家庭责任感就能在不知不觉间生成。

对社会负责

古今中外，无数仁人志士，正是在强烈的社会责任感的驱使下，做出了让人叹为观止的成绩：

宋朝的范仲淹，用“先天下之忧而忧，后天下之乐而乐”来表达自己的社会责任感，终成一代名相。

我们尊敬的周恩来总理，在少年时就立下“为中华之崛起而读书”的志向。

中国首位杰出的爱国工程师詹天佑曾这样说：“名出所学，各尽所知，使国家富强不受外侮，足以自立于地球上。”

从上面的例子中，你也可以看出，一个人的社会责任感，就是他前进的方向，就是他生生不息、奋斗不止的动力之源。

在北美洲，大学录取新生，一个非常重要的指标就是“志愿者服务时间”。加拿大规定：高中生在校期间要完成40 小时的社区服务（义工），否则不准毕业。

这种做法的背后是这样一种共识：一个孩子是否关心他人的命运，是否关注社会的需要，是这个孩子今后能有多大造诣的前提条件。

给你一些过来人的经验

责任是一把帮助你开启未来之门的金钥匙。

你是否关心他人的命运，是否关注社会的需要，是你今后能有多大造诣的前提条件。

7 未来社会，需要你具备怎样的能力

你的变化

“以前的你，像是一只永远都不知疲惫的小麻雀，围着我们问东问西，现在，你变得沉默寡言，不善言辞；以前的你，喜欢去尝试一些新鲜的事情，一旦跌倒也会爬起来重新参与其中。可是现在，你开始害怕失败，不敢尝试哪怕有一点儿挑战性的事情……”

孩子，你在慢慢长大，在慢慢走向成熟，也终将慢慢走向社会。

看着你一天天成长，一天天变化，我们在感到欣慰的同时也会有一点儿小小的担心。

当今社会竞争如此激烈，对每个人的能力也提出了更高的要求，如果你在步入社会之后，不具备某些能力，则很可能会在残酷的竞争中遭遇失败。

作为父母，谁都不希望自己的孩子成为竞争中被淘汰的那个，谁都希望自己的孩子能够赢得更多的成功与荣誉。然而，我们却不得不承认这样一个事实：在靠能力说话的时代，没有能力，想要赢得成功，很难。

我的一位远方亲戚的孩子就曾经这样抱怨道：

以前上学的时候，我从没想过找一份工作会是这样难的事情。几乎每一家公司都会对新人提出一系列的要求：团队合作能力、创新能力、承压能力……看到这一条又一条的能力，我的头都大了。以前上学的时候，就光顾着自己怎么舒服怎么来了，哪里顾得上培养这些东西？这一找工作才发现，自己不具有这些能力想要融入社会真的很难。

不错，对于青春期的你来说，身上常常会存在这样一些特点：叛逆、倔强、自我。

也正是这些阶段特点让你在实际生活中，不愿意和别人多说一句话，不愿意向别人去解释一些误会和分歧，不愿意与别人合作、交流。

我所熟识的一位高中老师，就曾这样谈起自己的一位学生：

男孩刘成是高中一年级的学生，成绩总是在班上后几位徘徊，看着他整天一副吊儿郎当不思进取的样子，我是真替他发愁。为此，前段时间我还找他进行了一番谈话，苦口婆心地劝他好好学习。谁知道，我话还没说完，这孩子就不耐烦地说："我就这样了，不用你管！"你听听，这孩子说的叫什么话，我管他不是为了他好吗？

看着这位老师一脸的无可奈何，我也是感慨良多。的确，对于青春期的你来说，你渴望自由，渴望被尊重，不希望被别人说教和约束。这些我们理解，但是，我的孩子，你知道不知道，正是你这种强烈的自我意识，正是你这种叛逆和不合作，让你失掉了很多培养各项能力的宝贵机会，而这些能力又是你今后步入社会所必不可少的。

沟通合作能力

在前面我不止一次提到过这样一点：人是社会的人，在社会中生存，难免就需要和别人沟通与合作。不具备这项能力，就意味着你将失去很多东西。

关于此，有这样一个颇为经典的故事：

两个年轻人甲和乙同时到一家知名的企业应聘部门经理一职，这两个年轻人不论从工作经验还是学历背景来说都相差无几。

负责招聘的人想了想，将两个人都安插到了部门经理的位置，并布置了这样一个任务：看谁带领的部门在一个月内创造的效益高。

一个月后，结果出来了。甲因为善于沟通和交流，能够多方吸纳团队成员的建议，积极做出判断和选择，向着最有利的方向发展，结果取得了不错的效益；乙则因为独断专行，不善与人沟通合作，遭到了队员们的集体疏远……

看到这里，谁最后能留下，谁不能留下，也就非常清楚了。

我的孩子，现在你正处于习惯和行为的定型期，如果你能稍微有意识地纠正一下自己的行为，培养一下自己与人沟通合作的能力，那么，当你步入社会的时候，就会惊奇地发现，自己拥有了一份多么有力的竞争砝码。

抗挫折能力

现在的孩子大多是独生子女，备受父母的宠爱和娇惯，正因为这样，你的身上往往还会缺少这样一项重要的能力：抗挫折能力。

我这样说并非无的放矢，你可以想一想，实际生活中，你是不是经常会因为遭遇到一些挫折就灰心丧气，甚至是干脆放弃；是不是会因为某次失败就一蹶不振，甚至就此放纵自己？

我就曾见识过我邻居家孩子的抗挫折能力：

邻居家的孩子今年刚上初三，在一次摸底测验中，因为考试成绩突出，被选入参加学校的知识竞赛。这孩子满心欢喜地为了竞赛做开了准备，然而，就在竞赛开始的前一周，老师忽然告诉他，因为知识竞赛里英语知识比较多，而他不擅长英语，不能选他参赛。

听到这个消息，孩子大受打击，一直郁郁寡欢，闷闷不乐，到最后连学都不想上了。

只是失去了一次小小的竞赛机会，就如此灰心丧气，再无斗志，那这孩子以后还如何去面对生活中的风风雨雨？

生活当中，你是否也有相似的经历？是否也曾因为一些小事斗志全无，意志消沉？是否也曾因为某件事情不如意，而自暴自弃，不思进取？

知道了抗挫折能力对你的重要性，意识到自己缺乏这种能力，就赶快行动起来积极培养自己的抗挫折能力吧！

领导能力

生活时常会充满戏剧色彩，或许你并没有领导能力，但是命运的齿轮却偏偏把你推上了领导的位置，这个时候，你怎么办？

临时抱佛脚是没有用的。领导能力的养成不是一朝一夕的，也不是谁说想有就能有的。然而，很多时候，没有领导能力的人，往往会错失很多机会。

在一所中学考察的时候，我就曾认识这样一位男孩：

男孩学习成绩出众，人缘也很不错。在考察这所学校期间，我参加了学校举办的一场联欢会。男孩因为平时表现优秀，被推举为联欢会的负责人，男孩当时觉得能组织一场全校范围的晚会，也是一次展现自己的机会，就满口答应了下来。

然而，接下来，男孩的表现却让很多人失望不已，因为领导能力有限，节目安排得很糟糕，晚会也在一片唏嘘声中惨淡收场。

男孩的初衷很好，但是因为能力欠缺，最终不能如愿，不得不说是个遗憾。

我的孩子，在你的成长道路上，这样的机会可能会有很多，如果你眼睁睁地看着机会从手上溜走，会是什么感觉呢？失望？难受？后悔？

无论你心里是多么的不甘，都没有用了，因为你不具备这种能力，就意味着将失去机会。

所以，为了能在现在和以后更好地表现自己，抓住机会，从现在开始，有意识地去培养自己的领导能力就显得非常有必要。

创新能力

一说起创新能力，相信很多人会不以为然，觉得这是一个很“过时”的词儿，是一个很老土的提法。

其实，不然。创新是一个人出奇制胜的法宝。具备创新能力的人，在解决问题的时候，常常能够独辟蹊径。

就拿我所熟识的一位男孩来说：

男孩小江是一个很优秀的孩子，当别的孩子都在为中考忙得不可开交的时候，他却一副悠闲自在的样子，并不见有多努力。然而，让大家感到奇怪的是，每次考试，小江都能考出不错的成绩。

当别人问起他有什么学习法宝时，他神秘兮兮地说：“其实，我也没什么特别的地方，只是在学习方法上面稍微和同学们有一点儿不同而已。比如，很多同学在学习过程中习惯按部就班地复习、作业、预习，在这个过程中我就给自己多加了一项：对做过的习题进行分类。比如，很多同学在听课的过程中，往往是被动地接受，我却会对老师讲过的知识进行反向思考……正是因为善于在学习方法上创新，让我的学习生活变得轻松了许多。”

看完这个男孩的例子，你是否还觉得创新离你很遥远，是否还觉得跟你提创新是很“过时”的事情？

其实，只要你用心观察，就能发现这样一个不争的事实：创新几乎无处不在。

中国古代的四大发明，现代的航空航天技术，哪一项没有创新能够实现？

没有创新，社会就没有进步，人类也就不会有发展。不论是对个人还是社会来说，具备创新能力有百利而无一害。

给你一些过来人的经验

人是社会的人，在社会中生存，难免就需要和别人沟通与合作。

是否具备一定的抗挫折能力，在某种程度上也就决定了你是否能够在未来的道路上自信地走下去。

当命运的齿轮把你推上领导的位置时，如果你不具备这种能力，无疑就会错失很多机会。

8 开阔你的眼界

你的变化

“当你学会奔跑，欢快地在草地上打滚撒欢时，你仰着小脸对外面的世界一片神往，可如今，你似乎变得对什么都不感兴趣；当你学会第一个汉字、第一首诗词时，你对知识的海洋充满了探究的好奇，可如今，你对学习的热情像退潮一般退得不留痕迹……”

在和身边一些年轻的朋友聊天时，我曾问过他们这样的问题：“你认为当你步入社会时，什么对你最重要？”

他们的回答五花八门，有的说信心，有的说解决问题的能力，有的说团结协作能力，有的说创新能力……

他们的见解可谓非常的精辟独到，也非常的具有说服力。然而，让我感到遗憾的是，很多人都没有提到这一点：开阔的眼界。

对此，你可能会感到疑问：为什么开阔的眼界也是必备的一项条件呢？

在回答这个问题之前，我们可以看一看这样一个故事：

小东和晓旭是高中一年级的学生，两个孩子的学习成绩不相上下，但不同的是，小东涉猎广泛、眼界开阔，而晓旭囿于书本、视野狭隘。

暑假的时候，他们学校和加拿大一所中学举办了一场联谊，双方交换学生到对方的学校参加一个暑期的夏令营。

小东和晓旭都被校方选中，然而，晓旭认为去加拿大后，自己人生地不熟，害怕遇到问题和麻烦，还不如利用这个假期在家学习；小东则认为在加拿大度过一个暑假，能很好地了解他国的风土人情，开阔眼界，是一次难得的历练机会，便欣然答应了。

暑假开学之后，晓旭跟以前一样没有多大的变化，而小东整个人却似脱胎换骨了一样，更加自信，更加富有激情了。

两个人之间的差距也渐渐拉大了。

当相同的情况摆在你面前的时候，你会如何抉择？是像小东一样选择去体验、去尝试，还是像晓旭一样选择逃避和退缩？眼界不同，选择就会不同，选择不同，你最终所收获的结果就会有所差异。

世界是平的，眼光要长远

前段时间，我的一位同学给我打来电话，电话一接通，他就忙不迭地抱怨："你说我家那个孩子，怎么这么死脑筋呢？跟他说了多少次了，出国留学是为了他今后更好地发展，可这孩子死活就是听不进我们的劝，赖着本市几所中学的一亩三分地儿就是不撒手……"

朋友的话，引起了我深深的思考。当今社会，像朋友的孩子一样，眼光只停留在小圈子里的人，并不在少数。

其实，只要你能再离远点儿看一看，只要你能抬起头来向四周瞧一瞧，可能就会发现，别处的机会要比你所徘徊的地方多很多，别处的风景也要比你所停留的地方美很多。

世界是平的，放开你的眼界，你会发现，选择有很多，出路有很多，你未来发展的方向也有很多。

思想不要停留在未成年人的世界，你需要成长

前段时间，在街上我看到这样一个男孩：

男孩大约十五六岁，面红耳赤地向父母咆哮着："我不要听

你们说，我就是要买那件玩具！就是要！”

他的父母一脸无奈地说：“玩具已经被别人买走了，没有了啊！”

男孩气鼓鼓地胡乱踢着脚，不依不饶：“我不管，我不管，我就是要！”

看着男孩的父母不知所措的样子，我的心里也不由得一叹。十五六岁的年纪，已经不小了，可行为处事却依旧这么任性幼稚，仍旧这么孩子气，这个孩子今后会发展成什么样，令人堪忧。

你在慢慢长大，思想不应该总是停留在未成年人的世界，考虑问题也不应该总是站在孩子的角度，你更应该站在一个成人的角度去思考问题，尝试着从更广更深的角度去看待你所遇到的一切状况。当你想得越多，经历得越多，你的思想也就会在自然而然间变得成熟。

给你一些过来人的经验

世界是平的，放开你的眼界，你会发现，选择有很多，出路有很多，你未来发展的方向也有很多。

随着你慢慢长大，思想也应该不断地成熟，不应该只停留在未成年人的世界。

9 掌好自己的人生之舵

你的变化

“在你小的时候，你有什么问题总是会第一时间向我们提出来，可是现在，即便你感到迷茫，也不再喜欢向外界寻求一点儿意见；以前，遇到困难你会积极寻求解决之道，现在，你却开始逃避。”

看着你从牙牙学语到现在的口若悬河，看着你从蹒跚学步到现在的健步如飞，看着你从幼稚青涩到现在的成熟沉稳，父母深深地为你感到高兴和自豪，你长大了，你已经是一个真正的男子汉了。

看着高高大大的你站在我们的身旁，像是一只张开翅膀跃跃欲飞的雄鹰，父母的心里既有几分期待，又有几分担心。期待的是，你终于要飞向属于自己的天空，寻找属于自己的人生，创造属于自己的未来了；担心的是，在人生的浩瀚海洋里，你会因为没有经验而遭遇挫折和坎坷，你会因为没有自信而彷徨无措。

一位15岁的男孩子就曾这样说：

当父母告诉我，这是你自己的人生，你自己的事情以后自己做决定的时候，我感到既高兴又担忧。高兴的是我终于拥有了自己的决定权，担忧的是我会做出一些错误的选择。

在这种忐忑的心态之下，尽管父母给了我足够的自由，我依然不敢大胆地对一些事情做出判断和抉择，有时候，我甚至希望父母不要给我这些自由，不要让我自己来负责某些事情……

看到这个男孩这样说，你心中是不是也有同感？

十几岁的你，社会经验和阅历毕竟很少，对于一些事情的抉择和判断，难免会心中没底，难免会犹豫彷徨。但是，我的孩子，不管你的心里多么没底，不管你多么害怕自己做出决定，你都必须面对这个事实：你的人生，需要你自己来掌舵，任何人都无法替你前行。

那么，在这个掌舵的过程中，你需要掌握哪些技巧呢？

凡事多动脑

俗话说得好：“人无远虑，必有近忧。”意思是说，人如果没有长远的谋划，就会有即将到来的忧患。

这句话对你来说，也是非常适用的。遇事多动脑筋想一想，多角度考虑一下利弊，在多方比较中做出对自己最有利的选择，你的人生就能朝着更加美好的方向发展。

对此，一位刚刚升入一所重点中学的孩子这样说道：

说实话，能够升入这所重点中学，和我平时做事喜欢多动脑的习惯是分不开的。今年的考试题目普遍较难，大家的分数较之往年也普遍偏低，而这所重点中学的录取分数一向又较高，很多同学因为自己考得成绩不太好而放弃了报考这所学校。

我也曾经想要放弃过，但是我明白，如果我进不了这所学校就只能进普高。在这种情况下，只要是有点儿上进心的学生基本都会选择进重点中学，但是，进重点中学的前提是你的分数得够得上这些学校的分数线。

考虑到这一点，我把自己想要报考的重点中学历年的录取分数线和录取比例做了一个整理，得出这所学校的录取率，然后再把我所在区县的排名做一个计算，得出自己是否能在这个录取率的范围之内。结果我发现，我的分数不仅在这所学校的录取范围之内，似乎还有一点儿遥遥领先的优势……于是，我信心十足地报考了这所学校，最终也如愿被这所学校录取了。

生活当中，这样的时候可能会有很多，机会往往掩盖在某些让我们意想不到的表象之下，如果你不懂得多动脑筋，可能就会与机会失之交臂。

所以，我的孩子，当你需要自己做出某些决定的时候，多方位想一想，多角度深入思考一下，或许就能豁然开朗，为自己的人生赢得新的转机呢！

凡事多商量，多请教

你的年纪终究还小，在考虑问题的时候，难免会有考虑不周的地方，碰到了自己解决不了或者存有疑惑的问题，不要轻率做出决定，多和身边的人商量对策，多向过来人请教经验，就可以避免走一些不必要的冤枉路。

我认识的一个男孩在这方面做得很好：

每当他遇到困难或问题自己解决不了时，就会向身边的长辈或者有经验的人取经。就拿高中毕业考大学选择专业这件事来说，他倾向于报考一个自己喜欢的专业，但他又怕学完之后就业前景不乐观。于是他就向父母请教，向老师请教，向周围一些报考过那个专业的师哥师姐请教。在多方请教商量之后，他就做到了心里有底儿，进而成功选择了一个既能很好地适应未来的发展，又能满足自己爱好的专业。

在你为自己的人生掌舵的过程中，不妨也借鉴一下这个男孩的做法，向身边的人取取经，遇事多跟长辈商量，听取他们的意见，进而做到趋利避害，对自己的人生负起责任。

及时总结，及时提高

人生是一个不断总结和不断提高的过程。你的人生自然也不例外。或许，在成长道路上，你会遇到各式各样的问题和挫折，不要灰心，也不要丧气，把这些困难和挫折当成你人生道路上的一笔宝贵财富，认真对待，及时地总结经验教训，你就能逐渐变得成熟，就能在人生道路上避免犯相似的错误。

当你经历的越多，懂的越多的时候，你就能更加自信地掌好自己的人生之舵，就能更加顺利地创造属于自己的人生精彩。

给你一些过来人的经验

机会往往掩盖在某些让我们意想不到的表象之下，如果你不懂得多动脑筋，可能就会与机会失之交臂。

在成长道路上，你会遇到各式各样的问题和挫折，不要灰心，也不要丧气，它们是你人生道路上的一笔宝贵财富。

第六章

男子汉，小心你身边的那些危险

沉浸在缭绕的香烟浓雾之中，这只是肤浅的酷，而身体健康、潇洒自如、知识渊博、妙趣横生、聪明睿智……这些才是真正的酷。

人的时间有限，游戏可以玩，但不可以沉迷其中，否则网络游戏就像香烟、赌博、毒品一样，会让你付出健康和前途的代价。

对毒品千万不要心存侥幸，只要一接触，就会让你陷入万劫不复的深渊。

打架前，最好先想想后果会怎样。

1 抽烟一点儿也不酷

你的变化

“出于好奇心，你接过了朋友递过来的第一根烟，偷偷地背着我们抽，最后发展为不以为然地公开抽烟。”

在平时我留心观察了一下，发现如今中小学的学校中，吸烟人群正悄悄地“壮大”，在校园偏僻的角落、宿舍，在喧闹的大街，在同学生日庆典的酒桌旁，不难看到一张张稚气未脱的脸在贪婪地吸吮着香烟，惬意地“享受”着香烟的滋味，甚至连小小年纪的小学生也未能逃脱烟雾的“笼罩”。

那么，是什么原因让这些人对抽烟乐此不疲呢？我曾和几个爱好吞云吐雾的男孩交流过，他们是这样告诉我的：

环顾四周，朋友吸烟，家中父亲吸烟，学校老师吸烟，不吸烟者似乎与众人合不拢。于是，我只好“随大流”，试着吸起烟来。

父母非常反对我吸烟，他们常常训斥我，甚至打骂我，可他们越是劝阻，我越是跃跃欲试；越是不准我吸，我偏要吸。

我的很多同学都认为吸烟“有派”、“有风度”、“有男子汉气概”。

的确，在你们这个年纪，往往会出现这样的想法与行为：如果不“随大流”，就感觉自己被排斥在了集体之外；父母的话我就不愿意听，他们越阻止的事我偏要干；这样做多酷啊，我干吗不让自己酷一点儿呢。而正因为如此，往往很容易与香烟交上手。

可是你知道吗，在你从众、逆反、要酷的背后，你将会为此付出多大的代价？让我来告诉你答案吧。

烟草中含有尼古丁等几百种有害物质，你的身体器官尚未发育成熟，吸收这些有毒物质后，会令健康受损。

俗语讲："正事不足，闲事有余。"大量事实表明，孩子开始染上抽烟行为时，也正是失去学习兴趣之时，绝大多数抽烟的孩子都是学习不好的学生。如果你不信，看看周围那些抽烟的同学就知道了。

抽烟的习惯一旦形成，戒起来就难了。一位专家曾经这样说："开始抽烟的年龄越低，上瘾的可能性就越高，戒烟的可能性越小。"

告诉你这些，只想让你知道，抽烟是一种恶习，它对于你来说，并没有任何好处。而且，除此之外，有些事你还必须知道。

抽烟并不是成人的标志，大多数成人是不抽烟的

还记得一个上初中后就学会抽烟的男孩这样对我说过："我觉得，自己无论是生理上还是心理上都是大人了，抽烟是一种成人的标志。"

是的，进入青春期的你们，会有一种强烈的成人意识，你们渴望获得成人感觉，所以会下意识地模仿成人的行为。你们会认为"抽烟才是大人"、"男人不抽烟就不够味"，而为了表明你们已经长大了，是个大男人了，于是就叼起了烟卷。

其实，成长是一个过程，每一个人都将迎来长大成人的那一天，但抽烟并不是走向成年的标志，许多成年人并不抽烟。

远离香烟，你依然会很酷

很多青春期男孩往往这样认为，抽烟是有个性的表现，尤其是公然敢在校园里抽烟，是最有本事、最帅气的事情。于是，为

了显示出自己的与众不同，即使对抽烟没有任何好感也要抽。

抽烟真的很酷吗？一点儿也不。我认识的许多男性朋友都不会抽烟，但依然给人很酷的感觉：

对于各种问题，他们总有很多标新立异的观点；

对于各方面的知识，他们都广泛涉猎，并总能侃侃而谈；

他们时刻充满了竞争意识，和别人比知识积累、比知识运用、比文化修养、比道德修养；

他们爱好并精通各种体育运动，玩起来的时候一举手一投足都散发着青春的光芒。

沉浸在缭绕的香烟浓雾之中，这只是肤浅的酷，而身体健康、潇洒自如、知识渊博、妙趣横生、聪明睿智……这些才是真正的酷。

给你一些过来人的经验

抽烟是一种恶习，它对于你来说，并无任何好处。

每一个人都将迎来成长的那一天，但抽烟并不是成长的标志，大多数成年人是不抽烟的。

2 网络游戏可以玩，但不可以沉迷其中

你的变化

“现在你放学回家，不是先忙着写作业，而是随手把书包一扔，立马坐到了电脑前准备进行‘网络厮杀’。”

为什么你会在网络游戏中难以自拔呢？也许你的答案有很多：

在游戏中，你可以成为驾车的高手，可以成为无所不能的勇士，可以成为过五关斩六将的英雄，可以是获得高分的人，可以得到虚拟的物质或货币奖励……

孩子，我们知道玩游戏是你的兴趣，父母不会残忍地将你的兴趣剥夺，但在我们尊重你的同时，希望你也能听句劝：人的时间有限，游戏可以玩，但不可以沉迷其中。

如果沉迷于其中，网络游戏就像香烟、赌博、毒品一样，会让你付出健康和前途的代价。

我认识的一个男孩，曾有过一次晕倒在电脑前被送往医院的经历，谈起往事，他这样对我说：

这完全是长时间“挂”在电脑前造成的。自从有了电脑以后，除了上学，我每天大部分时间都在打游戏，饭也顾不上好好吃，常常是一边盯着电脑屏幕，一边胡乱扒几口，草草了事。于是，身体逐渐消瘦了下去，最后就营养不良了。

还有一个男孩则这样说道：

我最近迷上了一种游戏，经过反复的“训练”，我已然成了

高手。在一群玩这个游戏的同学圈子里，我迅速成了“有头有脸的人物”，课余时间，大家都会来请教我如何把游戏玩得更好，我神气极了。不过，有得便有失，我为了这个“高手”的称号，各科成绩像红灯笼一样高高挂起，期中考在班上还名列前十，现在却变成了中下。

健康受损，学习成绩也受到一定的影响，想想看，这笔交易划算吗？所以在玩游戏的时候，一定要有所节制。

将网络游戏当作一种偶尔的“放松运动”

我接触过的一个男孩曾这样对我说过：

我们这些年轻人，谁不喜欢玩啊，而游戏往往是我们的最爱，但我从不会沉迷于其中，我只在学习累了的时候打上两把，或者是心情烦闷的时候玩一玩。我发现，这样做并没有给我的生活和学习带来影响，与之相反，放松过后，我学习起来更有劲儿了，之前的烦恼也消除了很多。

没错，在紧张学习之余玩玩游戏确实是一种放松，是一种劳逸结合的好方法。

让自己的业余生活丰富起来

某本杂志上曾刊登过这样一则分析：美国进入网络社会比中国早，孩子们接触网络的机会也比中国多，但是美国青少年网络成瘾的问题远不如中国严重，原因就在于美国青少年有着丰富的课外生活。

仔细想想，确实是这个理，网络游戏之所以让你过度痴迷，往往与你的业余生活贫乏有关。所以，我有个好提议：为了不使自己沉迷于网络游戏中，你可以让自己的业余生活丰富起来。

一个朋友家的孩子就是这样做的：

他每天放学回家先写作业，吃过饭和爸爸一起看《新闻联播》，看完后两人会讨论一番，然后一起下下象棋。他爱好集邮，每天晚上睡觉前，都会上网查点儿相关的资料。

周末，除了学习，他一般会和爸爸去钓鱼，或者陪妈妈逛街，再或者全家人一起去爬山，有时候则和同学去打球、游泳、看展览。

他的业余生活总是安排得丰富多彩，据他讲，他每天都忙得不亦乐乎，根本就没有时间打游戏。

孩子，不妨试想一下，如果你也像他一样有如此丰富的业余生活，你还有时间顾及网络游戏吗？尽量让自己的业余生活丰富起来吧，你可以和同学相约一起去做你们感兴趣的事，也可以参与到父母的活动中。

给你一些过来人的经验

人的时间有限，游戏可以玩，但不可以沉迷其中，否则网络游戏就像香烟、赌博、毒品一样，会让你付出健康和前途的代价。

如果能让业余生活变得丰富起来，你也就无暇再顾及网络游戏了。

3 毒品有害，千万碰不得

你的变化

“有一天，你居然问我：老爸，毒品真有电视上说的那么可怕吗？我就不信，吸两下就会造成那么严重的后果？”

毒品，两个再简单不过的字眼，可出现的频率却非常之高，在报纸上、宣传栏里、书本中……我们常常会看到与之相关的大篇幅的报道。

如果把毒品比作猛虎，那么它最容易下手的就是你们；如果把毒品比作瘟疫，那么最容易感染的也是你们。

我这不是夸大其词。据全国各地的有关禁、戒毒机构提供的资料表明：现如今，吸毒人员已经从成年人向未成年人过渡，青少年所占比例为 83.6%。

那么，这些人是如何染上毒瘾的呢？我曾看过一期有关毒品教育知识的电视节目，栏目组成员专门走进了青少年戒毒所，谈起吸毒原因，里面的青少年是这样说的：

听说毒品能让人舒经活络，我便萌生了试一试的念头。岂料，再也不能自拔。

有一次和朋友去歌厅，看到一些年轻人在疯狂的音乐节奏中摇头不止，后来我才知道他们服用了最流行的摇头丸，我觉得他们非常时尚，简直是酷毙了，于是，我也开始服用摇头丸。

我知道自己的一位同学吸毒之后非常好奇，从打听同学吸毒后的感受开始，我逐渐产生了试一试的想法，最后，也尝试起了吸毒。

不管他们出于何种原因染上了毒瘾，无知也好，好奇也罢，我们只希望你离毒品远远的，因为它对于你来说，往往有百害而无一利。一般而言，它会给你带来以下这两方面的危害：

第一，在社会关系中付出巨大的代价。

这是一个吸毒者的自白：

有一次，我赌博输了心情不好，在朋友的怂恿之下染上了毒瘾。因为吸毒的事，妻子很伤心，甚至曾跪下来求我戒毒，一向乖巧的女儿也同妻子一起规劝我，可我表面答应得很好，却始终不改。结果，伤心欲绝的妻子带着女儿离开了我。

也因为吸毒，我一天要花两三千元，一开始是拿自己家里的老本，后来到处去借钱，再后来借不到，就想方设法地骗，现在亲戚朋友都不相信我了，看到我就像躲"瘟神"一样远远地躲开我。

一个人一旦沾染上了毒品，会在社会关系中付出怎样的代价呢？家人会与之断绝关系，朋友也会离他而去，最终变成孤家寡人。

第二，会走上违法犯罪的道路。

一个将在监狱中度过十余年铁窗生涯的男孩，这样描述他是如何走上违法犯罪道路的：

我出生在一个富裕的家庭，父母平时给的零花钱不少，刚沾上毒品时，手里的钱还能应付得来，后来随着毒瘾越来越大，钱已经远远不够用了。因为缺少毒资，我和一个朋友商议实施抢劫以购买毒品。我们以洗手为由进了一户人家，用水果刀将男主人手臂刺伤，然后将他手上戴的一只黄金手镯割断抢走，随即逃离了现场。后来，我们被警方抓住，因抢劫罪，且属入户抢劫，被判处有期徒刑十余年。

因吸毒而众叛亲离，走上违法犯罪道路，由此毁掉了自己原本幸福美满的家庭，断送了自己原本美好的前程，毁了自己的人生，想起来真让人痛心。

孩子，让你知道这些，父母只是想告诉你，吸毒就相当于拿自己的人生赌博，一赌就毁了自己的前程，赔了自己的一生。我们也希望你能明白这样一点：无论出于何种原因，有些路，永远不能走；有些错，永远都不能犯。

千万不要心存侥幸

有一位戒毒者在叙述吸毒史时说：

一次，一位朋友给了我一根香烟，并用手指挑了很少一点儿白粉放进去，我想这么一点点是不会上瘾的，就接过来抽了，谁知道，这一尝试就上了瘾，从此一发不可收拾。

生活中，很多吸毒者就像这样，往往抱着诸如“找一下吸毒的感觉”、“抽着玩玩”、“尝尝新鲜”、“我只想知道吸毒是怎么回事”、“我不信它有那么神”、“吸一口不要紧”的侥幸心理去接触毒品，结果却陷入了万劫不复的深渊。

所以，孩子，对毒品千万不要心存侥幸，在毒品面前放任你的侥幸心理，就好比在悬崖边抬脚试探崖底有多深一样危险。

慎重交友

一个男孩曾这样描述他的涉毒起因：

我是一名高一在校生，一次在网吧打游戏的时候认识了一个校外的人，很快我们就成为了关系较好的朋友。有一个周末他带着我去酒吧喝酒，喝完酒后又喊上他的几个朋友一起打车去了附近的宾馆，刚进宾馆，他们就开始吸起了毒品，我那时不知道是毒品，后来他们让我吸，我觉得好玩，就跟着吸了。

现实生活中，有不少你的同龄人就像这个男孩一样，误交朋友，在所谓讲哥们义气、虚荣心的驱使和同伴的影响下，很容易就沾染上了毒品。本是花一样的青春年华，却染上了毒品；在别人憧憬美好未来的时候，他们却沉浸在吸毒的“兴奋”中。

所谓“近朱者赤，近墨者黑”，就是说在交友时要慎重，交好友、益友，不交损友、滥友。那些损友、滥友往往会打着朋友的旗号，在你身上布下陷阱，比如说花言巧语、请客吃饭、递烟、诱骗你服用掺有毒品的食物等，一旦你入了陷阱，就再也无法自拔了。

给你一些过来人的经验

吸毒就相当于拿自己的人生赌博，一赌就毁了自己的前程，赔了自己的一生。

对毒品千万不要心存侥幸，只要一接触，就会让你陷入万劫不复的深渊。

交友要慎重，交好友、益友，不交损友、滥友，接近好人可以使你变好，接近坏人则会使你变坏。

4 少年莫贪杯中物

你的变化

“过年全家老少合聚一堂，当我们大人在大桌这边举杯欢庆的时候，让大人没想到的是，你们小孩子也在小桌那边碰起了酒杯。”

当今，青少年中的饮酒者数量在逐渐增多，喝酒在他们眼中已经不再是什么越轨的行为，过年过节要喝酒、过生日要喝酒、考完试也要喝酒……除了会喝酒，有的男孩还学会了“行酒令”、“划拳”等酒桌游戏。

为什么要喝酒呢？这些流连杯中物的男孩们是这样对我说的：

喝酒是必要的“应酬”，酒桌上可以拉近人与人之间的关系，滴酒不沾根本无法在社会上立足。

父亲每天都要喝上一杯，他宣称：一日一杯酒，活到九十九，偶尔母亲也会浅酌一下。

不可否认，这种想法没有错，酒确实渗入到了我们生活的方方面面，而且在正常情况下，喝酒的好处也不算少，如冬天的时候喝酒可以取暖；平时喝少量的酒可以活血化瘀，促进血液循环；喝酒可以减压、解愁；有酒才会有气氛；喝酒有助于联络感情……但你却忘记了最为重要的一点：你还是个未成年人，酒精对你有百害而无一利。

那么，酒精会给你带来怎样的危害呢？

（1）酒是穿肠毒药

现在的你正处于成长发育阶段，身体的各项器官发育尚不成熟，饮酒对身体的损伤较为严重，甚至会影响到身体的正常发育。

（2）导致学习退步

许多男孩喜欢模仿大人，在生日聚会或外出郊游时开怀痛饮，甚至划拳猜令，喝得东倒西歪，日久产生酒瘾。而长期饮酒，则会致使注意力无法集中，记忆力、判断力下降，智力减退，导致学习退步。

（3）使暴力行为大大增加

青少年神经系统还较稚嫩，自制能力较差，饮酒后受酒精刺激，往往容易冲动行事，最终酿成悲剧。

我就曾在电视上看到过这样一则报道：

暑假时，三名职业高中的男生在一起玩耍，又找了一家小饭馆吃饭喝酒。等吃完晚饭已经夜里11点多，没有公交车了，可他们身上的钱又不够打出租车。怎么办呢？借着酒精的作用，其中一人提议劫辆出租车回家，不给司机钱，其余两人随声附和，还提出可以跟司机“要点儿钱”。于是三人打了一辆出租车到偏僻处，抢了司机的400元钱，但却被巡警发现，三人当场被抓。

最近，我一个有着10年酒龄的男性朋友告诉我，纵横“酒场”多年，他逐渐意识到酒是一种毒物，从现在开始，他要从健康的角度去疏远它。

让一个曾经嗜酒如命的人狠下心来戒酒，我想正如他所说的那样，他已经感受到了酒的危害性。既然一个成年人都懂得“悬崖勒马”，那正处于体格强健、精力充沛这一黄金时期的你又该怎样做呢？作为父母，我们衷心地希望你能100%远离酒精，莫贪恋杯中之物。

如果朋友非让你饮酒，请坚持自己的原则

一个饮酒上瘾的男孩曾这样对我说：

其实我也不想喝酒，可是和朋友在一起的时候不喝他们就说我不够朋友，为了不被他们孤立，我只好拿起了酒杯。

确实是这样，许多男孩为了获得同伴群体的认可，不断调整自己的言行，遵从同伴文化。在饮酒方面，当然也是这样。当饮酒的同伴越多，同伴饮酒的程度越高时，男孩面临的压力越大，就越有可能采取与同伴一致的行为——饮酒。

明明自身不愿意，却又不得不为之，这的确是件无奈的事，但不管怎么样，你应该坚持自己的原则，不要屈服。要知道，身体是你自己的，思想也是你自己的，没有人能够强迫你做任何你不愿意做的事。

一个男孩曾这样描述自己的拒酒经历：

每次出去和朋友聚会，他们都要开怀痛饮一番，轮到我时，我总是毫不客气地拒绝了。第一次拒绝时有点儿不忍心，可我还是坚持了自己的原则，第二次同样如此，第三次，不用我开口，朋友们就已经知道我不喝酒，也不会再要求我了。

是的，人就是要有这种坚持的精神，就要有自己的个性，当你坚持了，别人就不会再为难你了。

用喝茶、喝咖啡代替喝酒

生活中，我常常听到很多男孩这样说：“朋友见面就得喝上两杯，如果不喝酒，根本就无法交流。”

事实并非如此，不可否认，喝酒有助于联络感情、增进交流，但交流的方法有很多，不一定非要喝酒。

我的一个朋友，他就滴酒不沾，可他的朋友并不少，而且大家见面的时候不喝酒同样聊得非常尽兴。那么，他是采用什么方

法和朋友交流的呢？我们来听听他是怎么说的：

因为不喝酒，我和朋友见面的时候就尽量不去饭馆等和酒有关的地方，而是选择环境比较清幽的茶馆和咖啡厅。在这样的地方，我们可以一坐就是一天，天文地理无所不聊，别人是把酒言欢，而我们则是把茶、咖啡言欢。

孩子，也许你经常见到很多人一见面就以酒来增进交流，但你千万不要因此就误以为没有酒就无法交流，你现在也看到了，用喝茶、喝咖啡来代替喝酒就是一种不错的交流方式。

给你一些过来人的经验

饮酒常被披上优雅、高尚的外衣，实际上，酒精是一种“入门的毒品”。

如果朋友非让你饮酒，唯一切实可行的选择是意志坚定，拒绝到底。

5 聪明的孩子不动手

你的变化

“从学校回家，偶尔你脸上、脖子上、手背上会带着些许伤痕，但你从来都是一副无所谓的样子，问你怎么回事，你的脸上总是一副打死也不说的神情。”

有一次经过初中学校门口，恰好碰到放学，我看到了这样一幕：

放学铃声刚响没多久，许多学生就从各个教室里冲出来，像潮水一样涌向校门口，这时有一个男孩不小心踩了另一个男孩的脚，他急忙向对方道歉，可对方并不接受道歉，还骂他瞎了眼。听到这话，他也火了，和对方争吵起来，这一吵越发不可收拾，竟发展到拳脚相加，结果一个被打坏了头，另一个也没好到哪里去，牙齿被打掉了两颗。

孩子，你是否也有过类似这样的经历呢？就算没有，也曾看到过吧。遇到这种情况，本来一句道歉的话就可以解决问题了，却要把简单的问题复杂化，用暴力来解决。

事实上，进入青春期，几乎每个男孩身上都会有这样一个显著特征：爱用拳头来解决问题。

正因为如此，你往往很容易在外界的刺激下突然发生暴力行为，如因为一点儿小事，从吵架变成打架；为朋友两肋插刀，一时兴起，参与其中；更有甚者，只因看别人不顺眼，就寻衅滋事。

孩子，对于你的这类行为，父母能理解，因为我们知道，这一时期你爱打架是很正常的现象。进入青春期的你，血气方刚，自制力差，考虑问题不冷静，常常义气用事，所以比较容易冲动。

可父母想要告诉你的是，爱冲动是一种性格缺陷，你一时的冲动，有时会酿成大错。就像我上面举到的那个例子，如果两人都能够冷静一些，比如说被踩到脚的男孩接受对方的道歉，或者当踩到别人脚的男孩受到对方的辱骂时，他能够不往心里去，转身走开，那他们还会一个头破血流，另一个掉了牙齿吗？很明显，这一切都不会发生。

所以，孩子，你要知道，打架不是解决问题最好的办法，聪明的孩子往往不动手，就能使问题得到完美解决。

头脑不冷静的时候，千万不要动武

为什么头脑不冷静的时候，不能动武呢？在前面我已经强调过了，人在头脑不冷静的时候，很容易产生不正确的判断，明明是小事一桩，硬是想成了一件大事；明明很简单的事，最后却变成一件复杂的事。盲目动武，有可能就铸成大错，覆水难收。所以，遇到这种情况，先别急着把握紧的拳头送出去，还是先冷静一下再说。

我认识的一个男孩在这一点上就处理得很好：

有一次上体育课，他在投篮的时候手滑了一下，球飞出了出去，不偏不倚砸到了正从篮球场走过的一个男生。他急忙跑过去向对方道歉，可对方不领情，捡起篮球朝他扔过来。他没站稳，坐到了地上。当时他很生气，很想站起来揍对方一顿，可想了想，他却转身走了。

第二天，他专门把那个男生约到学校外面的冷饮店，和对方进行了一番交谈，两人谈了很久，最后出门时相互手搭着肩，成为了好朋友。

不妨设想一下，如果他当时站起来就往对方身上扑过去，结果会怎么样呢？可以想象得到，两人一定红了眼，互相不依不饶，大打出手，结果双方都挂了彩，还有可能成为永远的敌人。

这样看来，没急着动武确实好多了，既和平解决了问题，又促使双方成为了好朋友。

孩子，如果让你来选择，你是愿意用拳头来解决问题，还是不忙着挥拳头，先缓一缓再说？

想要打架前，想想后果会怎样

在打架前，考虑一下后果和不考虑后果，结果会一样吗？

我认识的两个男孩，给大家提供了这样一个真实的对比：

程枫和汪鑫是从小一起长大的好朋友，有一次，他们听说一哥们被别人揍了，所有的朋友都很生气，决定为哥们报仇。

听到这个提议，程枫二话不说，操起家伙准备投入战斗；而汪鑫则先想了想后果，最终想到的后果是：去肯定是一场刀光剑影，虽有可能报了仇，可自己也不能全身而退，想到这个，汪鑫没有去。

结果正如汪鑫想的那样，打架的过程虽然只有短短几分钟，但双方都受了伤，尤其是程枫，被对方用水果刀捅了一刀，伤势还不轻，住院将近一个月。

事实证明，在打架前，是否考虑一下后果，结果往往是不一样的。不考虑，体会不到事态的严重性，往往不顾一切就冲了上去，结果遭殃的很可能是自己。而事先先考虑了一下，该不该去打架，心里就有了底，由此很可能就避免了不良后果的发生。

所以，孩子，如果你想要去打架，一定要在之前想想后果会怎样，千万不要因为盲目而害了自己。

给你一些过来人的经验

头脑不冷静的时候，千万不要动武，还是先缓一缓再说。想要打架前，最好先想想后果会怎样。

6 防范那些各种各样的骗术

你的变化

“你的个子长高了，身材魁梧了，但你依然涉世未深，见到中奖短信你欣喜若狂，见到他人求助你义无反顾……与此同时，危险也渐渐向你靠近……”

我今晚就要走了，想给你打电话，又怕听到你的声音，我在语音信箱给你留了言，你拨……听听吧。张。

孩子，当你收到类似这样的短信时，你会怎么做呢？也许好奇心很强的你，不假思索就拨通了这个电话。

不，孩子，遇到这种情况，千万不要搭理，最明智的做法是将短信果断地删掉。

事实上，这是一条诈骗短信，诈骗分子往往通过此类手段来骗取公众的钱财。我认识的一个男孩就因此而上了当：

在收到这条短信之后，他想到自己有一个要好的同学转学走了，正好这位同学也姓张。于是，他不假思索地拨通了这个电话，而这一拨，25 元钱的话费就被吞掉了。

现在的骗子非常厉害，什么骗术都能想到，见缝插针，简直是无所不用其极。而因为你们年纪小，涉世未深，缺乏社会经验，心灵又单纯，防范意识不够强，对外界的警惕性不高，再加之好奇心强，往往很容易被坏人利用。

其实，别说是你们，我们这些社会经验丰富的大人也偶尔会落入骗子的圈套。我的一个朋友就曾向我讲过她的一次遭遇：

一天，她像往常一样买完菜走回家，途中有一个中年妇女上前为她介绍一种所谓的“名贵”药物“甲子红”。对方称手痛脚痛吃了之后就会好，她平常脚就会痛，听了对方的话后动心了。

见她有心买药，早在附近等候的诈骗团伙成员就开始你一言我一语，和中年妇女演起了双簧。刚开始来了个自称主任的人，说这药如何如何的好，并且很难买，后来又来了个当医生的，也说这药效果不错。听到药材这么难买，效果奇佳，她信了，决定买5包，一包3000元，一共1.5万元。

孩子，我们平时总会告诉你世界是美好的，周围的人是可爱的，可实际上，这世界上也有贪婪、谎言、暴行等阴暗面，还有危险。你们是那样的纯真，多半只从故事书中知道有“坏蛋”这样一种人，其实他们很有可能就活动在你们的身边。

骗子行骗的花招可谓是眼花缭乱，让人防不胜防，我们无法做到让“天下无诈”，但我们却可以加以防范，让骗子近不了我们的身体，这就需要你擦亮眼睛，随时保持清醒的头脑，提高警惕。

占便宜的事不干

尊敬的QQ用户，您好！恭喜您的QQ账号已被抽取为腾讯“十周年庆典”幸运用户，您将获得由本公司送出的恭喜奖金5000元及笔记本电脑一台。

相信你在使用腾讯QQ聊天时，曾遇到过类似的“美事”。难道天上真的会掉馅饼吗？当然不会。

曾在报纸上看到一则报道：

某地一名15岁的中学生在某小区11楼纵身一跃，当场死亡。警方调查后发现，该中学生因“QQ中奖虚假信息”被骗1550元后跳楼自杀。

15 岁，正如花季般灿烂的年龄，却被突然从网络上伸出的黑手间接夺走了本该属于他的美好年华，看了让人不禁潸然泪下。

如此丰厚的奖金和奖品，对于每个人来说，都是巨大的诱惑，不用付出多大代价就可以不劳而获，这又是多么美好的一件事，这样的大便宜，我们为何不占呢?

是的，孩子，诱惑当前，谁都会这样想，人都是有私心的。可是孩子，你要明白，天上是不会掉馅饼的，世界上没有无缘无故的“美事”，要想收获一定先要付出，想不劳而获必然会让你付出昂贵的代价。要记住这样一点：你捞到的大便宜，并不是馅饼，而是陷阱，所以，不管馅饼再大，再吸引人，都不要理会它，占便宜的事不能干。

7 对陌生人多留个心眼

一位朋友给我讲了一件暑假发生在他家的事：

一天下午，儿子正独自在家中写作业，这时，“当当当”有人敲门，儿子透过防盗门，只见一位年轻人站在门口。那人说，他是邻居的朋友，因为邻居家没人，想借个纸条和笔。儿子见那人说话很诚恳，长相也不像坏人，加上他找的邻居对自己一向很好，觉得自己应该帮忙才对。于是，儿子就打开了门，让他进来写字条。

谁料想，防盗门刚一打开，那人便顺势挤进了屋，并“砰”地--声把门反锁上了。还没等儿子反应过来，那人就用绳子反绑住他的双手，翻出家里的钱物，然后“满载”而去。

其实这个坏蛋早就来踩过点，他发现假期儿子是一个人在家写作业，所以编造了留字条的理由诱骗儿子开门，至于邻居家是谁？邻居家现在有没有人？他根本不知道，因为他并没有敲过那家的门。

现实生活中，类似这样的事情可以说是数不胜数：有的男孩遇到陌生人问路，随意搭了腔，结果被人贩子拐走；有的男孩帮陌生人取款，结果被犯罪分子利用了，因为那卡是他盗窃或抢来的，找人帮忙是因为想躲避银行柜台内的摄像头。

为什么孩子容易上当受骗呢？因为你们的内心是纯洁和善良的，乐于助人是你们的心理特征，很多犯罪分子正是抓住了你们的这种心理，以求助方式唤起你们的“乐助”心理而使你们暂忘“防范”意识，从而不知不觉上当受骗。

没有一个骗子或坏蛋是有标志的，他们和常人一样，甚至有时让人觉得他们是好人，所以，在不知底细的情况下，你心里还是要对一些人有防范心理。尤其是陌生人，一定要多留个心眼，遇到他们前来搭讪、套近乎、借手机、问路、敲门，多加警惕，慎重一些。

给你一些过来人的经验

我们生活的世界是美好的，但实际上，这世界上也有贪婪、谎言、暴行等阴暗面，还有危险。

世界上没有不劳而获的事情，就如同天上不会掉馅饼一样。

对陌生人要多留个心眼，提高防范意识，别让对方近身。

7 他人需要帮助时，请冷静

你的变化

“孩子，你真的长大了，每当看到电视里播放见义勇为的新闻，你都会变得热血沸腾；每当看到有人急需帮助，你都会义无反顾……殊不知，在做这种帮助他人的义举之时更须冷静。”

去年曾在电视上看过这样一则新闻：

某月某日，在某地江边游玩的两名小学生忽然落入江中，在此游玩的一名大一新生闻讯下水施救。在与湍急的江水搏击几分钟后，不但两名小学生没有获救，下水施救的大学生也不幸被江水吞没。事后大家才了解到，这名大学生不太熟悉水性。

我上网逛论坛的时候，看到许多网友都在发帖歌颂他这种见义勇为的精神。而在众多的帖子中，部分网友提出的一个问题引起了我的注意，那就是：这一行为是否值得。还记得其中一个网友的帖子上是这样说的：

救人的行为虽然很高尚，但我们更应该思考，救人的时候要不要做无谓的牺牲，如果你明知自己不会游泳还去救落水之人，这样的舍己救人就是无谓的牺牲。

其实，这也是我一直在思考的问题。这些年来，发生在我们国家类似救人而丧命的惨剧屡屡见诸媒体，例如：

2009 年 1 月，某大学两名在读研究生在松花江寒冷的冰窟中救起一对落水女孩，可他们却再也没有爬上来。

2009年11月，大学生王某英勇跳入寒江，救起一位76岁老太太，可他自己却命丧黄泉。

如果碰到这种情况的人是你，你会怎么做呢？你一定会拍着胸脯说，我也会像他们那样做。是的，我们从不怀疑这一点，当他人需要帮助时，你肯定不会冷漠地站在一边袖手旁观。

从小父母就教育你，做人要有善心，要像雷锋叔叔一样，热心地对需要帮助的人施以援手。一直以来，你也做到了这一点，比如说牵着老奶奶的手过马路，帮邻居大妈看管菜篮子，给问路人指路……

孩子，看到你对别人这么热心，父母很欣慰，也为你而感到骄傲，可是有一点你要记住，当你准备向他人施以援手时，不要一味地凭感情用事，请先冷静一些。

就拿我看到的那则新闻来说，其实那名大学生就不够冷静，明明不会游泳还要下水救人，结果献出了自己年轻而宝贵的生命。总的来说，他的义举值得我们称赞，他见义勇为的精神值得我们学习，可从客观上来讲，他的精神可嘉，做法却不可取。

也许你会觉得我这样说很自私，孩子，别怪我们，倘若你能够站在父母的角度上想，就会理解我们了，全天下人哪个做父母的会愿意看到自己的孩子为救人而牺牲生命呢，这叫我们做父母的情何以堪？

所以，孩子，我们支持你去帮助别人，发挥你的光和热，但也请你冷静一些，理性看待事情而非仅凭感情用事。

救人——斟酌自己的能力

逛街的时候，我碰到一位多年不见的朋友，感觉她苍老了许多，白头发增添了不少。问起她的近况，她坦言不是很好，前年家里出了事，从那以后她整个人就再也振作不起来了。再一打听，原来事情是这样的：

那年她的儿子正面临中考，有一天晚上，在从老师家讨论完习题回来的路上，看到几个小青年正在调戏一个女孩子，他什么也没想就冲了上去，结果被对方捅了几刀，在送往医院的途中由于失血过多离开人世。

花季少年，人生中最美的时光还未开始，生命却被定格在了救人义举的瞬间，真是令人惋惜。

孩子，看到这样的例子，你作何感想？救了别人，自己却命丧黄泉，这样的代价是不是大了些？

举这样的例子，我们只是想告诉你一点：在对需要帮助的人施以援手时，如果涉及到救人等问题，请先斟酌自己的能力。

不妨试想一下，如果朋友的儿子在决定去救被调戏的女孩之前，那个大学生在下水之前，都能够先斟酌一下自己的能力，他们还会失去自己的生命吗？答案不言而喻，倘若他们能考虑一下这个问题，他们就不会做出无谓的牺牲。

救人是一种高尚的行为，可你也得考虑一下行动的代价问题，如果这个代价太大，超出了你的实际能力，那么我可以毫不客气地说，这时候救人就不能算是高尚，而是显得有点儿愚蠢和盲目了。

就拿消防队救火来说，他们在实施救援行动前、行动中都会有周密的计划，一定要避免或减少消防队员的伤亡，救人同样如此，你也有必要为自己考虑考虑。

不会游泳、不识水性，人多敌不过对方，如果是这样，就不能贸然采取行动。

想想，还有没有更好的办法

许多问题，并非只有一种解决方法，仔细想想，一定还会有更好的办法能够使得问题得到圆满解决。救人同样如此，不一定要搭进自己的生命。

同样看到孩子落水，一个男孩是这样做的：

有一天，他带着妹妹到邻村姥姥家玩耍，当路过一个河滩时，突然听到有人呼救。他循声朝河滩跑去，发现有两个孩子正在挣扎呼救。他顾不上多想，从河滩边下水，试图伸手救人。但是，当水淹到他的膝盖时，他感觉脚下的淤泥松软，脚在下陷，手却仍然够不着两个孩子，无奈折回岸边。情急之下，他想到老师在安全教育课上讲的话——当你无法施救或自救时就要大声呼救，于是立即朝村庄方向大声呼救："快来救人啊！小孩掉到水里了。"

附近的村民听到呼救声后，火速跑到河滩处，下水将两个落水的孩子拽上岸来，又紧急施救，两个孩子得救了。

还有一个男孩在看到有混混儿在偏僻里胡同里企图强奸路过的少女时，是这样处理的：

他悄悄藏在旁边，一边用手轻轻捏住鼻子，学好几个人说话，让歹徒以为有好几个人正经过胡同附近，一边又拿出手机打110报警，结果，警察及时赶到，救了少女。

事实证明，见义勇为不一定要在搭进自己生命的情况下才能进行，只要开动脑筋，多想想办法，就能将人成功救出。所以，孩子，当你决定救人时，不要一门心思就按你当前想到的办法行事，最好再想想，还有没有更好的办法。

给你一些过来人的经验

见义勇为也要量力而行，最好是在伤害不到自己的情况下进行。

问题的解决并非只有唯一的一种方法，可以有很多种，只要多想想，一定可以想到更好的解决方案。

8 各种情况下的紧急应对

你的变化

“汶川大地震后，你问我们：‘爸爸妈妈，地震发生时，我该如何自救呢?’我们知道，该对你讲一些避险常识了。”

据了解，我国每年大约有1.6万名中小学生非正常死亡，中小学生因安全事故、食物中毒、溺水、自杀等死亡的，平均每天有40多人，也就是说每天将有一个班的学生在“消失”。

孩子，看到这些数据，你是否感到有点儿震惊，原来我们的生活中竟隐藏着许多不为我们所知的隐患。而对于我们做父母的来说，无数鲜活的生命转瞬即逝，留给我们的则是无尽的悲痛和沉重的思考。

我们在思考什么呢?世事总是无常，人世间的灾难常常是突如其来，不论是自然的还是人为的，如火灾、地震、雷击、交通事故等，都是你们成长过程中不可避免会遇到的问题。面对这些突发事件，有时候我们大人都会备感无力，更何况是你们这些弱小无助的孩子?所以，我们在思考，如果你遇到这些情况，你该怎样做才能不会受到伤害。

有专家指出，导致悲剧发生的一个重要原因，就是青少年缺少安全防卫意识，自我保护能力差。

的确是这样，我可以举一个具有说服力的例子：

某地凌晨5点发生了7.6级地震，一个男孩被惊醒了，立即躲到大柜子下，结果混凝土楼板塌在大柜子上，他只擦伤点儿皮肤。而另一个男孩一听发生了地震，竟然抱着一个枕头跳至楼下，摔断了腿。

孩子，父母不可能永远陪在你的身边，保护你，而为了让你远离伤害，父母能做的，就是告诉你如何应对突发事件，并教给你一些生存技巧。

以下是我们为你准备的安全小锦囊，希望你能熟悉它们。很多时候，只要多一点儿常识，多几分小心，就可以避免很多不测。安全感，源于你的未雨绸缪和有备无患。

火灾逃生的九大诀窍

大量的火灾事实证明，火灾事故中，大部分的受到生命危害的人是因为缺乏自防自救和逃生能力。那么，面对突发的火灾，应如何自救呢?

第一诀：不入险地，不贪财物。生命是最重要的，不要因为害羞及顾及贵重物品，而把宝贵的逃生时间浪费在穿衣或寻找、拿走贵重物品上。

第二诀：简易防护，不可缺少。家中应备有防烟面罩，最简易的方法也可用毛巾、口罩蒙鼻，用水浇身，匍匐前进。因为烟气较空气轻而飘于上部，贴近地面逃离是避免烟气吸入的最佳方法。

第三诀：缓降逃生，滑绳自救。千万不要盲目跳楼，可利用疏散楼梯、阳台、落水管等逃生自救；也可用身边的绳索、床单、窗帘、衣服自制简易救生绳，并用水打湿，紧拴在窗框、暖气管、铁栏杆等固定物上，用毛巾、布条等保护手心，顺绳滑下，或下到未着火的楼层脱离险境。

第四诀：当机立断，快速撤离。受到火势威胁时，要当机立断披上浸湿的衣物、被褥等向安全出口方向冲出去，千万不要盲目地跟从人流相互拥挤、乱冲乱撞。当火势不大时，要尽量往楼层下面跑，若通道被烟火封阻，则应背向烟火方向离开，逃到天台、阳台处。

第五诀：善用通道，莫入电梯。遇火灾不可乘坐电梯或扶梯，要向安全出口方向逃生。

第六诀：大火袭来，固守待援。大火袭来，假如用手摸到房门已感发烫，此时开门，火焰和浓烟将扑来，这时，可关紧门窗，用湿毛巾、湿布塞堵门缝，或用水浸湿棉被，蒙上门窗，防止烟火渗入，等待救援人员到来。

第七诀：火已烧身，切勿奔跑。身上着火，千万不要奔跑，可就地打滚或用厚重的衣物压灭火苗。

第八诀：发出信号，寻求救援。若所有逃生线路被大火封锁，要立即退回室内，用打手电筒、挥舞衣物、呼叫等方式向外发送求救信号，引起救援人员的注意。

第九诀：熟悉环境，暗记出口。无论是居家，还是到酒店、商场、歌厅时，务必留心疏散通道、安全出口及楼梯方位等。

发生地震时如何自救

发生地震确实可怕，这往往是人们不愿意看到的，但又是不能不面对的。有报道说，在地震发生时，人们惊恐无序乱跑才是造成重大伤亡的直接原因。所以，要使灾害不伤害到自己，就要学会自救，下面是一些地震发生时的自救办法：

（1）大地震时不要急

破坏性地震从人感觉震动到建筑物被破坏平均只有 12 秒钟，在这段时间内千万不要惊慌，应根据所处环境迅速做出理智抉择。如果住的是平房，那么你可以迅速跑到门外。如果住的是楼房，千万不要跳楼，应立即切断电闸，关掉煤气，暂避到洗手间等跨度小的地方，或是桌子、床铺等下面，震后迅速撤离，以防强余震。

（2）人多先找藏身处

学校、商店、影剧院等人群聚集的场所如遇到地震，最忌慌乱，应立即躲在课桌、椅子或坚固物品下面，待地震过后再有序地撤离。

（3）远离危险区

如在街道上遇到地震，应用手护住头部，迅速远离楼房，跑到空地。如在郊外遇到地震，要注意远离山崖、陡坡、河岸及高压线。

（4）被埋要保存体力

如果震后不幸被废墟埋压，要尽量保持冷静，设法自救。无法脱险时，要保存体力，尽力寻找水和食物，创造生存条件，耐心等待救援。

其他危险情况下的注意事项

（1）雷雨天气发生时，不要在山顶、山脊或建筑物顶部停留；不要在铁栅栏、金属晒衣架以及铁路轨道附近停留；不要在室外游泳池游泳；不要在孤立的大树或烟囱下停留；不要骑自行车；在室外不可打手机，不宜把金属工具扛在肩上。

（2）发现迷路后应及时寻求外界的帮助，不要等到筋疲力尽才求救，求救后尽量减少活动，留在原地等待救援。

（3）倘若不幸遭遇车祸，首先应迅速抱住头部并缩身成形，以此可减少头部、胸部受到撞击，然后赶快打开车门离开。

（4）发现煤气中毒的时候，立刻打开门窗通风，切断气源；拨打急救电话“120”，说清具体地址、方位。

（5）使用家用电器时，不用湿手触摸电器，不用湿布擦拭电器；电器使用完毕后应拔掉电源插头；使用中发现电器有冒烟、冒火花、发出焦糊的异味等情况，应立即关掉电源开关，停止使用；睡觉前或离家时切断电器电源。

总而言之，无论碰到何种危险情况，最重要的是要快速反应，很多危险都是突如其来的，快速反应几秒，也许就能够更多地保障生命安全。

给你一些过来人的经验

很多时候，只要多一点儿常识，多几分小心，就可以避免很多不测。安全感，源于你的未雨绸缪和有备无患。

无论碰到何种危险情况，最重要的是要快速反应。

图书在版编目(CIP)数据

青春期男孩,请听听爸妈的心里话 / 云晓著.
—北京:朝华出版社, 2014.8
ISBN 978-7-5054-3699-2

Ⅰ.①青… Ⅱ.①云… Ⅲ.①男性-青春期-心理健康-健康教育-家庭教育 Ⅳ.①G479②G78

中国版本图书馆 CIP 数据核字(2014)第 174500 号

青春期男孩,请听听爸妈的心里话

作　　者 云　晓

选题策划 杨　彬　王　磊
责任编辑 楼淑敏
责任印制 张文东
装帧设计 千一凡文化

出版发行 朝华出版社
社　　址 北京市西城区百万庄大街 24 号　**邮政编码**　100037
订购电话 (010)68413840　68996050
传　　真 (010)88415258(发行部)
联系版权 j-yn@163.com
网　　址 www.blossompress.com.cn
印　　刷 三河市三佳印刷装订有限公司
经　　销 全国新华书店
开　　本 787mm×1092mm　1/16　　**字　　数** 200 千字
印　　张 16.5
版　　次 2014 年 9 月第 1 版　2014 年 9 月第 1 次印刷
装　　别 平
书　　号 ISBN 978-7-5054-3699-2
定　　价 29.80 元
